CUADERNO DE ACTIVIDADES

DESCUBRE

Lengua y cultura del mundo hispánico

NIVEL 2

Blanco • Donley

VISTA
HIGHER LEARNING

Boston, Massachusetts

ISBN-13: 978-1-60007-282-6
ISBN-10: 1-60007-282-8

2 3 4 5 6 7 8 9 M 12 11 10 09 08

Table of Contents

communication activities

Lección 1

Estudiante 1

9 **Crucigrama (*Crossword puzzle*)** (student text p. 21) Tú y tu compañero/a tienen un crucigrama incompleto. Tú tienes las palabras que necesita tu compañero/a y él/ella tiene las palabras que tú necesitas. Tienen que darse pistas (*clues*) para completarlo. No pueden decir la palabra necesaria; deben utilizar definiciones, ejemplos y frases incompletas.

> **modelo**
> **10 horizontal:** La usamos para hablar.
> **14 vertical:** Es el médico que examina los dientes.

Lección 1 Communication Activities   **1**

communication activities

Lección 1

Estudiante 2

9 **Crucigrama (*Crossword puzzle*)** (student text p. 21) Tú y tu compañero/a tienen un crucigrama incompleto. Tú tienes las palabras que necesita tu compañero/a y él/ella tiene las palabras que tú necesitas. Tienen que darse pistas (*clues*) para completarlo. No pueden decir la palabra necesaria; deben utilizar definiciones, ejemplos y frases incompletas.

> **modelo**
>
> **10 horizontal:** La usamos para hablar.
> **14 vertical:** Es el médico que examina los dientes.

Crossword grid:

- 4 horizontal: E N F E R M E R A
- 6 horizontal: O R E J A
- 2 vertical (down from C): C O R A Z Ó N
- 10 horizontal: B O C A
- 10 vertical: B R A Z
- 8 vertical: P A C I E N T
- 11 horizontal: N
- 14 horizontal: D O C T O R
- 16 horizontal: E S T Ó M A G O
- 12 vertical: P A S T I L L A
- 18 horizontal: R O D I L L A
- 20 horizontal: T O S

communication activities

Estudiante 1

6 **En el consultorio** (student text p. 31) Tú y tu compañero/a tienen una lista incompleta con los pacientes que fueron al consultorio del doctor Donoso ayer. En parejas, conversen para completar sus listas y saber a qué hora llegaron las personas al consultorio y cuáles eran sus problemas.

Hora	Persona	Problema
9:15	La Sra. Talavera	dolor de cabeza
	Eduardo Ortiz	
	Mayela Guzmán	
10:30	El Sr. Gonsalves	dolor de oído
	La profesora Hurtado	
3:00	Ramona Reséndez	nerviosa
	La Srta. Solís	
4:30	Los Sres. Jaramillo	tos

communication activities
Lección 1

Estudiante 2

6 **En el consultorio** (student text p. 31) Tú y tu compañero/a tienen una lista incompleta con los pacientes que fueron al consultorio del doctor Donoso ayer. En parejas, conversen para completar sus listas y saber a qué hora llegaron las personas al consultorio y cuáles eran sus problemas.

Hora	Persona	Problema
	La Sra. Talavera	
9:45	Eduardo Ortiz	dolor de estómago
10:00	Mayela Guzmán	congestionada
	El Sr. Gonsalves	
11:00	La profesora Hurtado	gripe
	Ramona Reséndez	
4:00	La Srta. Solís	resfriado
	Los Sres. Jaramillo	

communication activities

Estudiante 1

6 **¡Tanto que hacer!** (student text p. 67) Aquí tienes una lista de diligencias (*errands*). Algunas las hiciste tú y algunas las hizo tu compañero/a. Las diligencias que ya hiciste tú tienen esta marca ✔. Pero quedan cuatro diligencias por hacer. Dale mandatos a tu compañero/a, y él/ella responde para confirmar si hay que hacerla o ya la hizo.

> **modelo**
>
> **Estudiante 1:** Llena el tanque.
> **Estudiante 2:** Ya llené el tanque. / ¡Ay no! Tenemos
> que llenar el tanque.

1. llamar al mecánico
✔ 2. ir al centro
✔ 3. revisar el aceite del carro
4. salir para el aeropuerto
5. hacer ejercicio (*to exercise*) en el gimnasio
6. apagar la videocasetera
7. no grabar el programa de televisión hasta las 8:00
✔ 8. estacionar cerca de la casa
9. almorzar en el cibercafé con Paquita
10. no imprimir las páginas hasta el sábado
✔ 11. encontrar el disco compacto de mi supervisor
12. arreglar el reproductor de DVD
✔ 13. poner la contestadora
14. quemar un cederrón de fotos de la fiesta de Alicia

Escribe las cuatro diligencias por hacer. Elige las dos que quieras hacer tú y dile a tu compañero/a que no tiene que hacerlas, usando mandatos negativos.

> **modelo**
>
> No llenes el tanque. Lo lleno yo.

1. _____
2. _____
3. _____
4. _____

communication activities

Estudiante 2

6 **¡Tanto que hacer!** (student text p. 67) Aquí tienes una lista de diligencias (*errands*). Algunas las hiciste tú y algunas las hizo tu compañero/a. Las diligencias que ya hiciste tú tienen esta marca ✔. Pero quedan cuatro diligencias por hacer. Dale mandatos a tu compañero/a, y él/ella responde para confirmar si hay que hacerla o ya la hizo.

> **modelo**
>
> **Estudiante 1:** Llena el tanque.
> **Estudiante 2:** Ya llené el tanque. / ¡Ay no! Tenemos
> que llenar el tanque.

✔ 1. llamar al mecánico

2. ir al centro

3. revisar el aceite del carro

4. salir para el aeropuerto

✔ 5. hacer ejercicio (*to exercise*) en el gimnasio

6. apagar la videocasetera

✔ 7. no grabar el programa de televisión hasta las 8:00

8. estacionar cerca de la casa

✔ 9. almorzar en el cibercafé con Paquita

10. no imprimir las páginas hasta el sábado

11. encontrar el disco compacto de mi supervisor

12. arreglar el reproductor de DVD

13. poner la contestadora

✔ 14. quemar un cederrón de fotos de la fiesta de Alicia

Escribe las cuatro diligencias por hacer. Elige las dos que quieras hacer tú y dile a tu compañero/a que no tiene que hacerlas, usando mandatos negativos.

> **modelo**
>
> No llenes el tanque. Lo lleno yo.

1. _____

2. _____

3. _____

4. _____

communication activities

Lección 2

Estudiante 1

¿De quién es? Tu amiga Cecilia va a mudarse a otra ciudad. Ella tiene varias cosas en el apartamento que compartes con tu compañero/a. Intercambien la información que tienen para saber de quién son las cosas.

> **modelo**
>
> **Estudiante 1:** ¿Esta cámara de video es de Cecilia?
> **Estudiante 2:** No, no es suya, es...

yo

_____

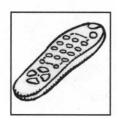

_____

Cecilia

_____

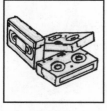

Cecilia

mi compañero/a y yo

_____

yo

_____

Con frases completas, escribe de quién es cada cosa.

_____

_____

_____

_____

_____

_____

_____

_____

_____

Lección 2 Communication Activities   **7**

communication activities

Lección 2

Estudiante 2

¿De quién es? Tu amiga Cecilia va a mudarse a otra ciudad. Ella tiene varias cosas en el apartamento que compartes con tu compañero/a. Intercambien la información que tienen para saber de quién son las cosas.

> **modelo**
> **Estudiante 1:** ¿Esta cámara de video es de Cecilia?
> **Estudiante 2:** No, no es suya, es...

_____

yo

mi compañero/a
y yo

_____

mi compañero/a
y yo

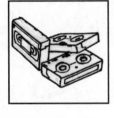
_____

_____

Cecilia

_____

yo

Con frases completas, escribe de quién es cada cosa.

_____

_____

_____

_____

_____

_____

_____

_____

communication activities

Lección 3

Estudiante 1

9 **¡Corre, corre!** (student text p. 93) Aquí tienes una serie incompleta de dibujos que forman una historia. Tú y tu compañero/a tienen dos series diferentes. Descríbanse los dibujos para completar la historia.

> **modelo**
>
> **Estudiante 1:** Marta quita la mesa.
> **Estudiante 2:** Francisco...

¿Por qué están Marta y Francisco limpiando con tanta prisa? ¿Qué pasó?

_____

_____

_____

_____

Lección 3 Communication Activities | **9**

communication activities

Lección 3

Estudiante 2

9 **¡Corre, corre!** (student text p. 93) Aquí tienes una serie incompleta de dibujos que forman una historia. Tú y tu compañero/a tienen dos series diferentes. Descríbanse los dibujos para completar la historia.

> **modelo**
> **Estudiante 1:** Marta quita la mesa.
> **Estudiante 2:** Francisco...

¿Por qué están Marta y Francisco limpiando con tanta prisa? ¿Qué pasó?

_____

_____

_____

_____

_____

communication activities

Estudiante 1

Investigación Tu compañero/a y tú son detectives de la policía (*police*). Túrnense (*take turns*) para pedir al señor Medina, su asistente, que reúna (*collect*) la evidencia para el caso que quieren resolver. Tú empiezas.

> **modelo**
>
> No olvidar la cámara de la oficina
> *No olvide la cámara de la oficina.*

1. en el jardín, sacar la llave de la mesita / abrir la puerta de la cocina
3. ir al balcón / traer la almohada
5. bajar a la sala / no limpiar la cafetera / ponerla en una bolsa
7. apagar la luz / salir al jardín / cerrar la puerta

Escribe los lugares que visitó el señor Medina en el orden correcto.

_____

_____

_____

_____

_____

communication activities

Estudiante 2

Investigación Tu compañero/a y tú son detectives de la policía (*police*). Túrnense (*take turns*) para pedir al señor Medina, su asistente, que reúna (*collect*) la evidencia para el caso que quieren resolver. Tu compañero/a empieza.

> **modelo**
> No olvidar la cámara de la oficina
> *No olvide la cámara de la oficina.*

2. subir al dormitorio / sentarse en el sillón / tomar una foto / pasar la aspiradora
4. entrar a la oficina / buscar una taza en el estante
6. ir a la cocina / tomar el libro
8. poner la llave en la mesita / llevar todas las cosas al carro

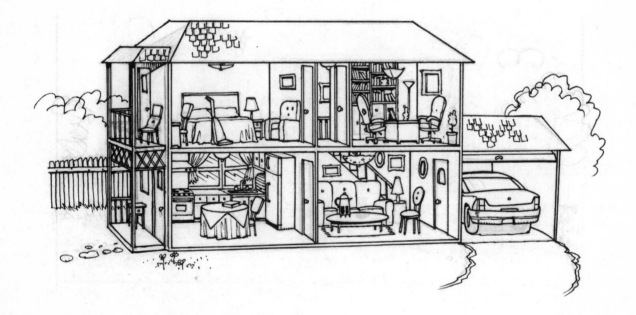

Escribe los lugares que visitó el señor Medina en el orden correcto.

_____

_____

_____

_____

_____

_____

communication activities

Lec

Estudiante 1

5 **No te preocupes** (student text p. 141) Estás muy preocupado/a por los problemas de medio ambiente y le comentas a tu compañero/a todas tus preocupaciones. Él/ella va a darte la solución adecuada a tus preocupaciones. Cada uno/a de ustedes tiene una hoja distinta con la información necesaria para completar la actividad.

> **modelo**
>
> **Estudiante 1:** Me molesta que las personas tiren basura en las calles.
> **Estudiante 2:** Por eso es muy importante que los políticos hagan leyes para conservar las ciudades limpias.

Dile a tu compañero/a cada una de tus preocupaciones utilizando los siguientes dibujos. Utiliza también palabras de la lista.

a

b

c

d

e

f

Vocabulario útil

es una lástima	es triste	ojalá (que)
es ridículo	esperar	temer
es terrible	molestar	tener miedo (de)

Ahora, con tu compañero/a escriban cuatro frases originales, basadas en la actividad, utilizando el subjuntivo.

1. _____

2. _____

3. _____

4. _____

ctivities

Lección 4

...t p. 141) Estás muy preocupado/a por los problemas del medio
...mpañero/a todas tus preocupaciones. Él/ella va a de darte la solución
...es. Cada uno/a de ustedes tiene una hoja distinta con la información
...a actividad.

> 1: Me molesta que las personas tiren basura en las calles.
> e 2: Por eso es muy importante que los políticos hagan leyes para
>   conservar las ciudades limpias.

...pañero/a la solución a cada una de sus preocupaciones utilizando los siguientes dibujos. Tienes
...ar la mejor solución para cada una de sus preocupaciones. Utiliza también las palabras de la lista.

a    b    c

d    e    f

Vocabulario útil

Es bueno que...   Es mejor que...   Es urgente que...

Es importante que...   Es necesario que...

Ahora, con tu compañero/a escriban cuatro frases originales, basadas en la actividad, utilizando el
subjuntivo.

1. _____

2. _____

3. _____

4. _____

communication activities — **Lección 4**

Estudiante 1

El medio ambiente Tu compañero/a y tú son ambientalistas (*environmentalists*) y van a escribir una carta al/a la dueño/a de una empresa que contamina. Primero escribe las frases en la forma correcta, luego compártelas con tu compañero/a para organizarlas por pares.

1. es cierto / nuestra organización / estudiar la ecología de la zona

   _____

2. no creemos / el río Santa Rosa / estar limpio

   _____

3. no cabe duda de / su empresa / contaminar también el aire

   _____

4. es probable / muchos animales y plantas / morir por la contaminación

   _____

5. en cuanto / empezar a cuidar la naturaleza…

   _____

Con tus frases y las de tu compañero/a escriban la carta al/a la empresario/a. Añadan detalles o frases donde sean necesarios, para que su carta sea lógica y cortés (*polite*).

_____ (día/mes/año)

Sr(a). _____

_____

_____

_____

_____

_____

_____

_____

_____

_____

Atentamente,

_____ y _____

communication activities

Communication Activities

Estudiante 2

El medio ambiente Tu compañero/a y tú son ambientalistas (*environmentalists*) y van a escribir una carta al/a la dueño/a de una empresa que contamina. Primero escribe las frases en la forma correcta, luego compártelas con tu compañero/a para organizarlas por pares.

1. creer / haber muchas formas de reducir las emisiones de gas

   _____

2. nosotros podemos enviarle información para / ayudar al medio ambiente

   _____

3. estar seguro de / ir a aumentar (*increase*) sus ventas (*sales*)

   _____

4. es posible / su empresa poder manejar el desecho (*waste*) líquido de otra forma

   _____

5. a menos / su empresa / proteger las especies del área…

   _____

Con tus frases y las de tu compañero/a escriban la carta al/a la empresario/a. Añadan detalles o frases donde sean necesarios, para que su carta sea lógica y cortés (*polite*).

_____
(día/mes/año)

Sr(a). _____

_____

_____

_____

_____

_____

_____

_____

_____

_____

Atentamente,

_____ y _____

communication activities

Estudiante 1

6 **Busca los cuatro** (student text p. 175) Aquí tienes una hoja con ocho anuncios clasificados; tu compañero/a tiene otra hoja con ocho anuncios distintos a los tuyos. Háganse preguntas para encontrar los cuatro anuncios de cada hoja que tienen su respuesta en la otra.

> **modelo**
> Estudiante 1: ¿Hay alguien que necesite una alfombra?
> Estudiante 2: No, no hay nadie que necesite una alfombra.

CLASIFICADOS

BUSCO un apartamento de dos cuartos, cerca del metro, con jardín. Mejor si tiene lavaplatos nuevo. Tel. 255-0228
1 _____

QUIERO un novio guapo y simpático. Me gusta leer mucho, y mi hombre ideal también debe amar la literatura. La edad no importa. Soy alta con pelo negro, me encanta bucear y trabajo en una oficina de correos. Tel. 559-8740
5 _____

SE VENDE una alfombra persa, 3 metros x 2 metros, colores predominantes azul y verde. Precio muy bajo, pero podemos regatear. Pagar en efectivo. caribenavega@inter.ve
2 _____

OFREZCO un perro gran danés de dos años. Me mudo a Maracaibo y prohíben tener perros en mi nuevo apartamento. Llamar al 386-4443.
6 _____

NECESITO reproductor de DVD en buenas condiciones. No importa la marca. Debe tener control remoto. Llame al 871-0987.
3 _____

BUSCAMOS una casa en la playa, no muy lejos de Caracas. Estamos jubilados y deseamos vivir al norte, entre el mar y la ciudad. Tel. 645-2212
7 _____

TENGO un automóvil Ford, modelo Focus, y quiero venderlo lo antes posible. Sólo 8.000 kilómetros, casi nuevo, color negro. Tel. 265-1739
4 _____

SE REGALA un gato siamés de muy buen carácter. ¡Gratis! Es muy limpio y amable. Se llama Patitas y tiene 3 años. susana388@correo.com
8 _____

1. Menciona lo que se ofrece en los anuncios.

   _____

   _____

   _____

2. Menciona lo que se necesita en los anuncios.

   _____

   _____

   _____

3. ¿Cuáles son los anuncios que corresponden a los de tu compañero/a?

   _____

   _____

   _____

communication activities

Lección 5

Estudiante 2

6 **Busca los cuatro** (student text p. 175) Aquí tienes una hoja con ocho anuncios clasificados; tu compañero/a tiene otra hoja con ocho anuncios distintos a los tuyos. Háganse preguntas para encontrar los cuatro anuncios de cada hoja que tienen su respuesta en la otra.

> **modelo**
>
> **Estudiante 1:** ¿Hay alguien que necesite una alfombra?
> **Estudiante 2:** No, no hay nadie que necesite una alfombra.

CLASIFICADOS

SE OFRECE la colección completa de los poemas de Andrés Eloy Blanco. Los libros están en perfecta condición. Se los regalo al primer interesado. superpoeta@correo.com
a _____

QUIERO un gato porque soy viuda y me siento sola. Adoro los gatos siameses. Escríbame: avenida Teresa Carreño 44, Caracas.
e _____

BUSCO una novia simpática y con muchos intereses. Me encantan los deportes acuáticos y todo tipo de literatura. Tengo 35 años, soy alto y me gusta el cine mexicano. Llame al 982-1014.
b _____

ALQUILAMOS un apartamento de dos cuartos con jardín y garaje. La cocina está remodelada con lavaplatos moderno. La línea de metro queda a sólo tres cuadras. Llamar al 451-3361 entre 15 y 18h.
f _____

VENDEMOS nuestros muebles de sala, estilo clásico: sofá, dos mesitas y tres lámparas. Excelente condición. Tel. 499-5601
c _____

SE BUSCA un carro para hijo adolescente, no muy caro porque aprendió a manejar hace muy poco. Prefiero un auto usado pero con pocos kilómetros. Escriba a jprivero@inter.ve
g _____

NECESITAMOS camareros para nuevo restaurante en el centro de Valencia. Conocimiento de las especialidades culinarias venezolanas obligatorio. Llamar entre 10 y 17h al 584-2226.
d _____

TENGO una computadora portátil para vender. Tiene mucha memoria y lista para conectar a Internet. Puede pagarme a plazos. Para más detalles llame al 564-3371.
h _____

1. Menciona lo que se ofrece en los anuncios.

   _____

   _____

   _____

2. Menciona lo que se necesita en los anuncios.

   _____

   _____

   _____

3. ¿Cuáles son los anuncios que corresponden a los de tu compañero/a?

   _____

   _____

   _____

communication activities

Lección 5

Estudiante 1

La fiesta de Laura Tu compañero/a y tú tienen que hacer varias diligencias para la fiesta de cumpleaños de su amiga Laura. Cada uno/a de ustedes tiene una lista diferente de las diligencias que tienen que hacer. Con mandatos usando **nosotros/as** y las siguientes imágenes, dile a tu compañero/a lo que tienen que hacer. Escribe los mandatos de tu compañero/a en los espacios en blanco para completar el cuadro.

1 cobrar el cheque	2	3 entrar a la tienda de música
4	5 comprarlo	6
7 acordarse de buscar una tarjeta	8	9 entrar a la pastelería
10	11 llevarlo a casa	12
13 limpiar la sala y la cocina	14	15 prender el estéreo

Lección 5 Communication Activities

communication activities

Lección 5

Estudiante 2

1	**2** ir al centro comercial	**3**
4 escuchar el disco de Enrique Iglesias	**5**	**6** pagarlo en efectivo
7	**8** escoger la más bonita	**9**
10 comprar el pastel de chocolate	**11**	**12** ponerlo en la cocina
13	**14** vestirse para la fiesta	**15**

communication activities

Lección 5

Comunicación

5 **Encuesta** (student text p. 175) Circula por la clase y pregúntales a tus compañeros/as si conocen a alguien que haga cada actividad de la lista. Si responden que sí, pregúntales quién es y anota sus respuestas. Luego informa a la clase de los resultados de tu encuesta.

modelo

Trabajar en un supermercado
Estudiante 1: ¿Conoces a alguien que trabaje en un supermercado?
Estudiante 2: Sí, conozco a alguien que trabaja en un supermercado. Es mi hermano menor.

Actividades	Nombres	Respuestas
1. dar direcciones buenas		
2. hablar japonés		
3. graduarse este año		
4. necesitar un préstamo		
5. pedir prestado un carro		
6. odiar ir de compras		
7. ser venezolano/a		
8. manejar una motocicleta		
9. trabajar en una zapateña		
10. no tener tarjeta de crédito		

communication activities

Lección 6

Estudiante 1

10 **El gimnasio perfecto** (student text p. 197) Tú y tu compañero/a quieren encontrar el gimnasio perfecto. Tú tienes el anuncio del gimnasio Bienestar y tu compañero/a tiene el del gimnasio Músculos. Hazle preguntas a tu compañero/a sobre las actividades que se ofrecen en el otro gimnasio. Cada uno de ustedes tiene una hoja distinta con la información necesaria para completar la actividad.

> **modelo**
> **Estudiante 1:** ¿Se ofrecen clases para levantar pesas?
> **Estudiante 2:** Sí, para levantar pesas se ofrecen clases todos los lunes a las seis de la tarde.

Estudiante 1: *Eres una persona activa.*

Hazle preguntas a tu compañero/a sobre el gimnasio Músculos, usando las palabras de la lista.

Vocabulario útil		
clases	estiramiento	sufrir presiones
entrenadores	horario	tipos de ejercicio

GIMNASIO BIENESTAR
¡Para llevar una vida sana!

Sala de pesas moderna

Muchas máquinas para ejercicios cardiovasculares

Tenemos clases de

Todos los días de 5:00 PM a 7:00 PM.
¡Ven hoy mismo!

Tenemos diferentes seminarios cada mes. **¡No te los pierdas!**

En enero:
• Seminario de nutrición
• Seminario para dejar de fumar

Promoción del mes: Servicio de masajes por sólo 250 pesos

¡Además tenemos 50 televisores para que veas tus programas favoritos mientras haces ejercicios!

Con tu compañero/a, contesten las siguientes preguntas:

1. ¿Tienen ustedes las mismas necesidades en el gimnasio? ¿Cuáles son las diferencias?

   _____

   _____

2. ¿Los dos llevan una vida sana? ¿Por qué?

   _____

   _____

3. Ahora, escribe cuatro recomendaciones para tu compañero/a.

   a. _____   c. _____
   b. _____   d. _____

communication activities   Lección 6

Estudiante 2

10 **El gimnasio perfecto** (student text p. 197) Tú y tu compañero/a quieren encontrar el gimnasio perfecto. Tú tienes el anuncio del gimnasio Músculos y tu compañero tiene el del gimnasio Bienestar. Hazle preguntas a tu compañero/a sobre las actividades que se ofrecen en el otro gimnasio. Cada uno de ustedes tiene una hoja distinta con la información necesaria para completar la actividad.

> **modelo**
>
> **Estudiante 1:** ¿Se ofrecen clases para levantar pesas?
> **Estudiante 2:** Sí, para levantar pesas se ofrecen clases todos los
> lunes a las seis de la tarde.

Estudiante 2: *Eres una persona sedentaria.*

Hazle estas preguntas a tu compañero/a sobre el gimnasio Bienestar, usando las palabras de la lista.

Vocabulario útil		
adelgazar	fumar	masajes
clases de poca duración	levantar pesas	ver la televisión

Los lunes a las 6:00 PM:

GIMNASIO MÚSCULOS
Para personas fuertes

Y para aliviar la tensión, los viernes ofrecemos masajes.

Todos los días hay entrenadores para ayudarte.

Clases de levantar pesas
Disfruta de nuestras clases de

todos los lunes, miércoles y viernes de 6:00 PM a 6:30 PM y clases de boxeo los martes a las 4:00 PM

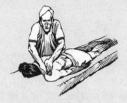

¡Te esperamos!

No te pierdas nuestros seminarios de este mes:
• Seminario para aliviar el estrés
• Seminario para mejorar tus ejercicios de estiramiento

¡Ven también los sábados y domingos! El gimnasio está abierto de 9:00 AM – 6:00 PM.

Con tu compañero/a, contesten las siguientes preguntas:

1. ¿Tienen ustedes las mismas necesidades en el gimnasio? ¿Cuáles son las diferencias?

   _____

   _____

2. ¿Los dos llevan una vida sana? ¿Por qué?

   _____

   _____

3. Ahora, escribe cuatro recomendaciones para tu compañero/a.

   a. _____ c. _____
   b. _____ d. _____

---

communication activities   Lección 6

Estudiante 1

¿A favor o en contra? (*For or against?*) Analiza con tu compañero/a las posibilidades que tiene Margarita de mejorar su calidad de vida. Tú crees que su calidad de vida **SÍ** puede mejorar. Dile a tu compañero/a las razones por las cuales estás "a favor" y, con una frase diferente de la lista, tu compañero/a comenta sus razones por las cuales él/ella está "en contra". Conecta sus razones y las tuyas con **porque**. Inventa las dos últimas razones. Sigue el modelo. Tú empiezas.

> **modelo**
>
> **Estudiante 1:** Margarita ha adelgazado treinta libras desde el año pasado.
> **Estudiante 2:** Es probable que haya adelgazado treinta libras desde el año pasado, pero ha engordado quince libras en dos semanas.
> **Estudiante 1:** Es imposible que haya engordado quince libras en dos semanas, porque ha reducido considerablemente el número de calorías diarias. (*Continue the flow of reasons*)

No puedo creer que…	Es increíble que…	No es probable que…
Es imposible que…	No estoy seguro/a de que…	Es difícil de creer que…
Dudo que…	No creo que…	Es poco probable que…

A FAVOR

- Ha adelgazado treinta libras desde el año pasado.
- Ha reducido considerablemente el número de calorías diarias.
- Ha intentado no comer dulces ni grasas.
- Ha empezado a comer alimentos ricos en vitaminas.
- Siempre ha disfrutado de muy buena salud.
- Nunca ha tenido problemas de estrés.
- Ha decidido mantenerse en forma.
- Siempre ha corrido cinco millas los fines de semana.
- _____
- _____

Ahora, con tu compañero/a, escriban una lista con las tres cosas más importantes que NO debe hacer Margarita y las que SÍ debe hacer y/o debe seguir haciendo para llevar una vida sana y mejorar su calidad de vida.

_____
_____
_____
_____
_____

communication activities   Lección 6

Estudiante 2

¿A favor o en contra? (*For or against?*) Analiza con tu compañero/a las posibilidades que tiene Margarita de mejorar su calidad de vida. Tú crees que su calidad de vida **NO** puede mejorar. Dile a tu compañero/a las razones por las cuales estás "en contra" y, con una frase diferente de la lista, tu compañero/a comenta cada una de sus razones por las cuales él/ella está "a favor". Conecta sus razones y las tuyas con **pero**. Inventa las dos últimas razones. Sigue el modelo. Tu compañero/a empieza.

> **modelo**
>
> **Estudiante 1:** Margarita ha adelgazado treinta libras desde el año pasado.
> **Estudiante 2:** Es probable que haya adelgazado treinta libras desde el año pasado, pero ha engordado quince libras en dos semanas.
> **Estudiante 1:** Es imposible que haya engordado quince libras en dos semanas, porque ha reducido considerablemente el número de calorías diarias. (*Continue the flow of reasons*)

Es probable que…	Me preocupa mucho que…
Es bueno que…	Es una ventaja que…
Es excelente que…	Es interesante que…
Es posible que…	Es importante que…
Me alegro de que…	Es esencial que…

EN CONTRA

- Ha engordado quince libras en dos semanas.
- Ha aumentado su nivel de colesterol.
- No ha aprendido a comer una dieta equilibrada.
- Nunca le han gustado las verduras.
- Ha fumado y comido en exceso durante muchos años.
- Ha empezado a consumir alcohol.
- No ha hecho ejercicio en toda su vida.
- Siempre ha llevado una vida sedentaria.
- _____
- _____

Ahora, con tu compañero/a, escriban una lista con las tres cosas más importantes que NO debe hacer Margarita y las que SÍ debe hacer y/o debe seguir haciendo para llevar una vida sana y mejorar su calidad de vida.

_____

_____

_____

_____

communication activities

Lección 6

Comunicación

4 **Lo dudo** (student text p. 210) Escribe cinco oraciones, algunas ciertas y algunas falsas, de cosas que habías hecho antes de venir a esta escuela. Luego, en grupos, túrnense para leer sus oraciones. Cada miembro del grupo debe decir "es cierto" o "lo dudo" después de cada una. Escribe la reacción de cada compañero/a en la columna apropiada. ¿Quién obtuvo más respuesta ciertas?

modelo

Oraciones	Miguel	Ana	Beatriz
1. Cuando tenía 10 años, ya había manejado el carro de mi papá.	Lo dudo.	Es cierto.	Lo dudo.

Oraciones	Nombre de tu compañero/a y su respuesta	Nombre de tu compañero/a y su respuesta	Nombre de tu compañero/a y su respuesta
1.			
2.			
3.			
4.			
5.			

communication activities

Estudiante 1

6 **El futuro de Cristina** (student text p. 239) Aquí tienes una serie incompleta de dibujos sobre el futuro de Cristina. Tú y tu compañero/a tienen dos series diferentes. Háganse preguntas y respondan de acuerdo a los dibujos para completar la historia.

> **modelo**
>
> **Estudiante 1:** ¿Qué hará Cristina en el año 2015?
> **Estudiante 2:** Ella se graduará en el año 2015.

Ahora, con tu compañero/a, imaginen lo que harán ustedes en los siguientes años.
Utilicen estos verbos: **hacer, poder, poner, querer, saber, salir, tener** y **venir.**

1. 2015: _____

2. 2025: _____

3. 2035: _____

4. 2045: _____

communication activities

Lección 7

Estudiante 2

6 **El futuro de Cristina** (student text p. 239) Aquí tienes una serie incompleta de dibujos sobre el futuro de Cristina. Tú y tu compañero/a tienen dos series diferentes. Háganse preguntas y respondan de acuerdo a los dibujos para completar la historia.

> **modelo**
> **Estudiante 1:** ¿Qué hará Cristina en el año 2015?
> **Estudiante 2:** Ella se graduará en el año 2015.

Ahora, con tu compañero/a, imaginen lo que harán ustedes en los siguientes años.
Utilicen estos verbos: **hacer, poder, poner, querer, saber, salir, tener** y **venir.**

1. 2015: _____

2. 2025: _____

3. 2035: _____

4. 2045: _____

communication activities

Lección 7

Estudiante 1

La entrevista El mes pasado tu profesor(a) te dio ocho consejos de lo que **SÍ** debes hacer en tu próxima entrevista de trabajo. A tu compañero/a le dio ocho consejos de lo que **NO** debe hacer. Averígualos (*find out what they are*) y toma notas. Sigue el modelo. Tú empiezas, pero antes de empezar, añade dos consejos más a tu lista.

> **modelo**
>
> **Consejo:** No llegues tarde.
> **Estudiante 1:** ¿Qué te aconsejó el/la profesor(a) que no hicieras?
> **Estudiante 2:** Me aconsejó que no llegara tarde.

- Infórmate bien sobre la empresa.
- Sé agradable con el/la entrevistador(a).
- Muestra interés por la empresa.
- Habla sobre tu proyecto profesional.
- Escucha atentamente cada pregunta.
- Responde a las preguntas con naturalidad y seguridad.
- Haz preguntas pertinentes al puesto y a la empresa.
- Menciona tus logros (*achievements*) y experiencias profesionales.

Ahora, escribe los diez consejos que aprendiste de tu compañero/a para completar tu lista.

1. No llegues tarde.
2. _____
3. _____
4. _____
5. _____
6. _____
7. _____
8. _____
9. _____
10. _____

communication activities

Estudiante 2

La entrevista El mes pasado tu profesor(a) te dio ocho consejos de lo que **NO** debes hacer en tu próxima entrevista de trabajo. A tu compañero/a le dio ocho consejos de lo que **SÍ** debe hacer. Averígualos (*find out what they are*) y toma notas. Sigue el modelo. Tu compañero/a empieza, pero antes de empezar, añade dos consejos más a tu lista.

> **modelo**
>
> **Consejo:** Infórmate bien sobre la empresa.
> **Estudiante 2:** Y a ti, ¿qué te aconsejó el/la profesor(a) que hicieras?
> **Estudiante 1:** A mí me aconsejó que me informara bien sobre la empresa.

- No llegues tarde.
- No lleves bluejeans.
- No uses perfume.
- No llegues fumando.
- No te muestres nervioso.
- No pongas cara de miedo.
- No digas mentiras.
- No hables mal de nadie.

Ahora, escribe los diez consejos que aprendiste de tu compañero/a para completar tu lista.

1. Infórmate bien sobre la empresa.
2. _____
3. _____
4. _____
5. _____

6. _____
7. _____
8. _____
9. _____
10. _____

communication activities

Lección 7

Comunicación

2 **Encuesta** (student text p. 241) Pregúntales a tres compañeros/as para cuándo habrán hecho las cosas relacionadas con sus futuras carreras que se mencionan en la lista. Toma nota de las respuestas y comparte más tarde con la clase la información que obtuviste sobre tus compañeros/as.

modelo

> **Estudiante 1:** ¿Para cuándo habrás terminado tus estudios, Carla?
> **Estudiante 2:** Para el año que viene, habré terminado mis estudios.
> **Estudiante 1:** Carla habrá terminado sus estudios para el año que viene.

Actividades	Nombre de tu compañero/a y su respuesta	Nombre de tu compañero/a y su respuesta	Nombre de tu compañero/a y su respuesta
1. elegir especialización			
2. aprender a escribir un buen currículum			
3. comenzar a desarrollar contactos con empresas			
4. decidir el tipo de puesto que quiere			
5.			
6.			

Lección 7 Communication Activities

communication activities   Lección 8

Estudiante 1

8   **Crucigrama (*Crossword puzzle*)** (student text p. 263) Tú y tu compañero/a tienen un crucigrama incompleto. Tú tienes las palabras que necesita tu compañero/a y él/ella tiene las palabras que tú necesitas. Tienen que darse pistas (*clues*) para completarlo. No pueden decir la palabra necesaria; deben utilizar definiciones, ejemplos y frases incompletas.

> **modelo**
>
> **1 horizontal:** Fiesta popular que se hace generalmente en las calles de las ciudades.
>
> **2 vertical:** Novelas que puedes ver en la televisión.

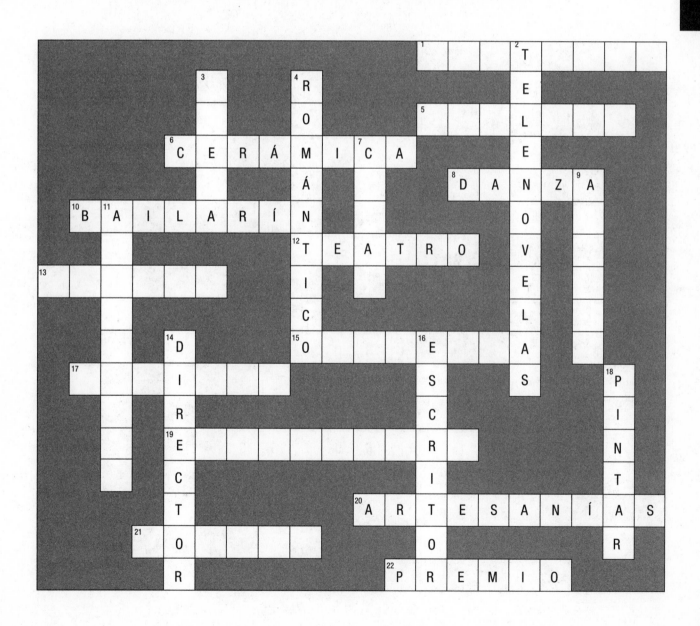

communication activities   Lección 8

Estudiante 2

8 **Crucigrama (*Crossword puzzle*)** (student text p. 263) Tú y tu compañero/a tienen un crucigrama incompleto. Tú tienes las palabras que necesita tu compañero/a y él/ella tiene las palabras que tú necesitas. Tienen que darse pistas (*clues*) para completarlo. No pueden decir la palabra necesaria; deben utilizar definiciones, ejemplos y frases incompletas.

> **modelo**
>
> **1 horizontal:** Fiesta popular que se hace generalmente en las calles de las ciudades.
> **2 vertical:**   Novelas que puedes ver en la televisión.

communication activities

Estudiante 1

S.O.S. ¡Tienes correo! Has recibido un mensaje electrónico de tu amigo Ernesto. Él necesita tu ayuda. Léelo y, con tus propias palabras, explícale su problema a tu compañero/a. Después, pregúntale qué habría hecho para evitar el problema que tiene Ernesto y qué haría ahora en su lugar. Tu compañero/a empieza. Escucha el problema de su amiga Marisol y ofrécele tus sugerencias.

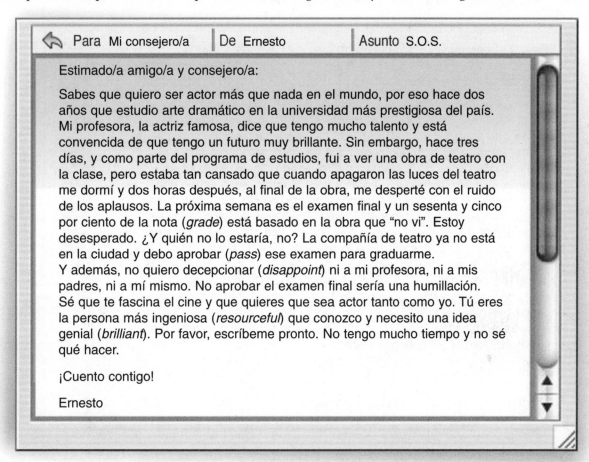

| Para Mi consejero/a | De Ernesto | Asunto S.O.S. |

Estimado/a amigo/a y consejero/a:

Sabes que quiero ser actor más que nada en el mundo, por eso hace dos años que estudio arte dramático en la universidad más prestigiosa del país. Mi profesora, la actriz famosa, dice que tengo mucho talento y está convencida de que tengo un futuro muy brillante. Sin embargo, hace tres días, y como parte del programa de estudios, fui a ver una obra de teatro con la clase, pero estaba tan cansado que cuando apagaron las luces del teatro me dormí y dos horas después, al final de la obra, me desperté con el ruido de los aplausos. La próxima semana es el examen final y un sesenta y cinco por ciento de la nota (*grade*) está basado en la obra que "no vi". Estoy desesperado. ¿Y quién no lo estaría, no? La compañía de teatro ya no está en la ciudad y debo aprobar (*pass*) ese examen para graduarme.
Y además, no quiero decepcionar (*disappoint*) ni a mi profesora, ni a mis padres, ni a mí mismo. No aprobar el examen final sería una humillación.
Sé que te fascina el cine y que quieres que sea actor tanto como yo. Tú eres la persona más ingeniosa (*resourceful*) que conozco y necesito una idea genial (*brilliant*). Por favor, escríbeme pronto. No tengo mucho tiempo y no sé qué hacer.

¡Cuento contigo!

Ernesto

Ahora, contesta el correo electrónico de Ernesto con unas sugerencias de tu compañero/a y unas tuyas también. Sé imaginativo/a.

_____

_____

_____

_____

_____

_____

_____

_____

communication activities

Communication Activities

Estudiante 2

S.O.S. ¡Tienes correo! Has recibido un mensaje electrónico de tu amiga Marisol. Ella necesita tu ayuda. Léelo y, con tus propias palabras, explícale su problema a tu compañero/a. Después, pregúntale qué habría hecho para evitar el problema que tiene Marisol y qué haría ahora en su lugar. Tú empiezas. Luego, ayuda a tu compañero/a a solucionar el problema de su amigo Ernesto.

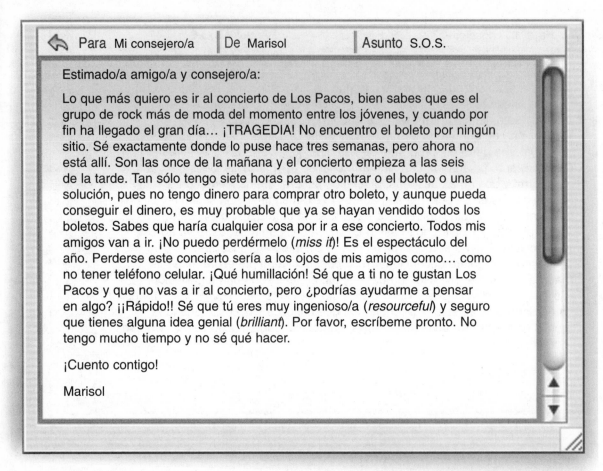

> **Para** Mi consejero/a   **De** Marisol   **Asunto** S.O.S.
>
> Estimado/a amigo/a y consejero/a:
>
> Lo que más quiero es ir al concierto de Los Pacos, bien sabes que es el grupo de rock más de moda del momento entre los jóvenes, y cuando por fin ha llegado el gran día… ¡TRAGEDIA! No encuentro el boleto por ningún sitio. Sé exactamente donde lo puse hace tres semanas, pero ahora no está allí. Son las once de la mañana y el concierto empieza a las seis de la tarde. Tan sólo tengo siete horas para encontrar o el boleto o una solución, pues no tengo dinero para comprar otro boleto, y aunque pueda conseguir el dinero, es muy probable que ya se hayan vendido todos los boletos. Sabes que haría cualquier cosa por ir a ese concierto. Todos mis amigos van a ir. ¡No puedo perdérmelo (*miss it*)! Es el espectáculo del año. Perderse este concierto sería a los ojos de mis amigos como… como no tener teléfono celular. ¡Qué humillación! Sé que a ti no te gustan Los Pacos y que no vas a ir al concierto, pero ¿podrías ayudarme a pensar en algo? ¡¡Rápido!! Sé que tú eres muy ingenioso/a (*resourceful*) y seguro que tienes alguna idea genial (*brilliant*). Por favor, escríbeme pronto. No tengo mucho tiempo y no sé qué hacer.
>
> ¡Cuento contigo!
>
> Marisol

Ahora, contesta el correo electrónico de Marisol con unas sugerencias de tu compañero/a y unas tuyas también. Sé imaginativo/a.

_____

_____

_____

_____

_____

_____

_____

_____

communication activities

Comunicación

4 **Conversaciones** (student text p. 273) Aquí y en la hoja de tu compañero/a se presentan dos listas con diferentes problemas que supuestamente tienen los estudiantes. En parejas, túrnense para explicar los problemas de su lista; uno/a cuenta lo que le pasa y el/la otro/a dice lo que haría en esa situación usando la frase "Yo en tu lugar..." (*If I were you...*)

> **modelo**
> **Estudiante 1:** ¡Qué problema! Mi novio no me habla desde el domingo.
> **Estudiante 2:** Yo en tu lugar, no le diría nada por unos días para ver qué pasa.

Estudiante 1

1. El año pasado escogí la contabilidad como mi especialización, pero ahora he descubierto que no me gusta trabajar con números todo el día. Si cambio de especialización mis padres quizás se enojen.

   _____

   _____

   _____

   _____

   _____

2. Una amiga mía me pidió que fuera con ella de vacaciones. Hemos comprado los pasajes de avión y tenemos reservación en el hotel. He conocido a un chico muy simpático la semana pasada y él me ha invitado a ir con él.

   _____

   _____

   _____

   _____

   _____

3. Mi novia es maravillosa, pero se fue a estudiar al extranjero (*abroad*) por un año. Me siento solo y me aburro. El otro día una chica muy atractiva me invitó a ir al teatro. Le dije que sí.

   _____

   _____

   _____

   _____

   _____

communication activities

Lección 8

Comunicación

4 **Conversaciones** (student text p. 273) Aquí y en la hoja de tu compañero/a se presentan dos listas con diferentes problemas que supuestamente tienen los estudiantes. En parejas, túrnense para explicar los problemas de su lista; uno/a cuenta lo que le pasa y el/la otro/a dice lo que haría en esa situación usando la frase "Yo en tu lugar..." (*If I were you...*)

> **modelo**
>
> **Estudiante 1:** ¡Qué problema! Mi novio no me habla desde el domingo.
> **Estudiante 2:** Yo en tu lugar, no le diría nada por unos días para ver qué pasa.

Estudiante 2

1. Me ofrecen un puesto interesantísimo, con un buen sueldo y excelentes beneficios, pero tiene un horario horrible. No volveré a ver a mis amigos jamás.

   _____

   _____

   _____

   _____

2. Hice una fiesta en el apartamento de mi hermano y alguien robó su colección de discos de jazz. Mi hermano vuelve esta tarde de sus vacaciones.

   _____

   _____

   _____

   _____

3. Estoy con una alergia terrible y creo que tengo fiebre. Tengo que terminar de preparar la entrevista que voy a hacer mañana. Y tengo que levantarme tempranísimo porque tengo que estar en el aeropuerto a las 5:45 de la mañana.

   _____

   _____

   _____

   _____

communication activities

Lección 8

Síntesis

6 **Encuesta** (student text p. 273) Circula por la clase y pregúntales a tres compañeros/as qué actividad(es) de las que se describen les gustaría realizar. Usa el condicional de los verbos. Anota las repuestas e informa a la clase de los resultados de la encuesta.

modelo

Estudiante 1: *¿Harías el papel de un loco en una obra de teatro?*
Estudiante 2: *Sí lo haría. Sería un papel muy interesante.*

Actividades	Nombre de tu compañero/a y su respuesta	Nombre de tu compañero/a y su respuesta	Nombre de tu compañero/a y su respuesta
1. escribir poesía			
2. bailar en un festival			
3. tocar en una banda			
4. hacer el papel principal en un drama			
5. participar en un concurso en la televisión			
6. cantar en un musical			

communication activities

Estudiante 1

¿Qué pasaría? En parejas, formen siete oraciones. Tú tienes los principios y tu compañero/a tiene los finales. Sigue estos pasos. La primera oración ya está hecha. Después escriban su propia oración utilizando el vocabulario de la lección.

> **modelo**
>
> **Estudiante 1:** Conjuga todos los verbos entre paréntesis. Lee en voz alta el principio de la primera oración.
>
> **Estudiante 2:** Lee en voz alta uno por uno todos los finales. Entre los dos deben encontrar el final correcto.
>
> **Estudiante 1:** Anota el final que corresponde a ese principio.
>
> **Estudiante 1:** Escucha el final de la siguiente oración que va a leer tu compañero/a.
>
> **Estudiante 1:** Lee uno por uno todos los principios. Entre los dos deben encontrar el principio correcto. Anota el final que corresponde a esa oración. Sigan así, por turnos, hasta que completen todas las oraciones.

1. Si la candidata (ser) más carismática, …
2. La huelga no (durar) tantos días…
3. Si la gente (ser) más civilizada,…
4. Si más personas (entender) que la guerra es un paso de gigante hacia atrás,…
5. Yo (combatir) el racismo…
6. Los medios de comunicación no (emitir) la noticia…
7. Si la cadena de televisión (aceptar) su propuesta,…
8.

Ahora, escribe las oraciones completas.

1. Si la candidata fuera más carismática, su discurso interesaría a más personas jóvenes.
2. _____
   _____
3. _____
   _____
4. _____
   _____
5. _____
   _____
6. _____
   _____
7. _____
   _____
8. _____
   _____

communication activities

Lección 9

Estudiante 2

¿Qué pasaría? En parejas, formen siete oraciones. Tú tienes los finales y tu compañero/a tiene los principios. Sigue estos pasos. La primera oración ya está hecha. Después escriban su propia oración utilizando el vocabulario de la lección.

> **modelo**
>
> **Estudiante 2:** Conjuga todos los verbos entre paréntesis. Escucha el principio de la oración que lee tu compañero/a.
>
> **Estudiante 2:** Lee en voz alta uno por uno todos los finales. Entre los dos deben encontrar el final correcto.
>
> **Estudiante 2:** Anota el principio que corresponde a ese final.
>
> **Estudiante 2:** Lee en voz alta el final de la siguiente oración.
>
> **Estudiante 1:** Lee todos los principios uno por uno. Entre los dos deben encontrar el principio correcto. Anota el principio que corresponde a esa oración. Sigan así, por turnos, hasta que completen todas las oraciones.

a. si (poder) participar en la política internacional.
b. tal vez más políticos (luchar) por la paz y la libertad mundial.
c. su discurso (interesar) a más personas jóvenes.
d. los periodistas Alonso y Tomás (preparar) un reportaje sobre el SIDA.
e. si todos (estar) dispuestos a negociar.
f. el ejército no (tener) que intervenir.
g. si no (ser) importante.
h.

Ahora, escribe las oraciones completas.

1. Si la candidata fuera más carismática, su discurso interesaría a más personas jóvenes.

2. _____

3. _____

4. _____

5. _____

6. _____

7. _____

8. _____

communication activities

Estudiante 1

6 **Dos artículos** (student text p. 311) Tú y tu compañero/a tienen dos artículos: uno sobre una huelga de trabajadores y otro sobre un fenómeno natural. Trabajando en parejas, cada uno escoge y lee un artículo. Luego, háganse preguntas sobre los artículos.

Huelga en fábrica de muebles

AYER los carpinteros de Muebles Montevideo declararon huelga cuando el gerente les informó que este año no habría aumento de sueldo.
Es probable que los trabajadores ya tuvieran el plan de huelga. Dijo Antonio Caldera, empleado de la empresa: —Nos enojamos mucho cuando redujeron los beneficios hace tres meses. Pero hasta que anunciaron lo del sueldo, no nos decidimos a hacer la huelga.

La jefa de Muebles Montevideo, la señora Belén Toro, explicó que, por la situación económica del país, la empresa no puede aumentar el sueldo de los trabajadores. Si se aumentaran los sueldos, perderían su empleo unos 110 trabajadores y se quedarían en el paro.

No se sabe cuánto tiempo va a durar la huelga, pero las negociaciones continuarán hasta que ambas partes lleguen a un acuerdo[1]. El alcalde de la ciudad, Juan González, declaró que espera que resuelvan este problema tan pronto como

[1]agreement

Hazle estas preguntas a tu compañero/a:

1. ¿Qué tipo de huracán visitó la costa del Pacífico? ¿Cuántas horas duró? ¿Qué daños materiales y personales causó?

_____

_____

_____

2. ¿Por qué crees que el periodista de este artículo escogió el verbo "visitar" para el encabezado de la noticia?

_____

_____

3. ¿Cómo describirías tú lo que pasó si fueras uno de los supervivientes del "huracán pacífico"?

_____

_____

_____

communication activities

Lección 9

Estudiante 2

6 **Dos artículos** (student text p. 311) Tú y tu compañero/a tienen dos artículos: uno sobre una huelga de trabajadores y otro sobre un fenómeno natural. Trabajando en parejas, cada uno escoge y lee un artículo. Luego, háganse preguntas sobre los artículos.

Huracán de categoría 3 "visita" la costa del Pacífico
Historia de un huracán "pacífico"

AYER a primeras horas de la mañana, un huracán sorprendió a los habitantes de cinco islas de la costa del Pacífico. Lo que en un principio comenzó como una típica e inofensiva tormenta tropical, se convirtió inesperadamente[1] en un huracán de categoría media que duró solamente una hora. La magnitud de su potencia arrancó árboles, señales de tráfico, y causó fracturas a algunas casas, edificios y carreteras, pero, en general, los daños materiales fueron mínimos.

Los habitantes tuvieron tiempo de escapar y gracias a la efectiva intervención de los equipos de rescate no hubo víctimas mortales.

Las cadenas de televisión locales y nacionales transmiten el desarrollo de este incidente que afortunadamente no tuvo consecuencias trágicas. Los medios de comunicación han bautizado a este fenómeno de la naturaleza con el nombre de "huracán pacífico". Periodistas y fotógrafos de todo el mundo llegaron a la zona afectada para informar sobre el desastre natural que pudo ser y no fue.

Las autoridades piden calma y paciencia, y agradecen a todos los grupos de ayuda y voluntarios su colaboración y solidaridad.

[1]*unexpectedly*

Hazle estas preguntas a tu compañero/a:

1. ¿Qué quieren los trabajadores que están en huelga? _____

_____

_____

2. ¿Qué explicaciones dio la jefa de la compañía sobre el problema? _____

_____

_____

3. ¿Qué harías tú si fueras un(a) empleado/a en esa empresa? _____

_____

_____

¡Uf! ¡Qué dolor! — **Lección 1**

Antes de ver el video

1 **Un accidente** Look at the video still. Where do you think Javier and Don Francisco are? What is happening in this scene?

_____
_____
_____
_____
_____
_____
_____
_____

Mientras ves el video

2 **¿Quién?** Watch the **¡Uf! ¡Qué dolor!** segment of this video module and place a check mark in the correct column to indicate who said each expression.

Expresión	Javier	don Francisco	Dra. Márquez
1. ¡Creo que me rompí el tobillo!			
2. ¿Cómo se lastimó el pie?			
3. ¿Embarazada? Definitivamente NO.			
4. ¿Está roto el tobillo?			
5. No te preocupes, Javier.			

3 **Clínicas y hospitales** Watch Javier's flashback about medical facilities in Puerto Rico and place a check mark beside the things you see.

____ 1. una paciente

____ 2. una computadora

____ 3. enfermeras

____ 4. un termómetro

____ 5. una radiografía

____ 6. letreros (*signs*)

____ 7. unos edificios

____ 8. unas pastillas

____ 9. un microscopio

____ 10. una inyección

4 **Resumen** Watch the **Resumen** segment of this video module. Then write the name of the person who said each sentence and fill in the missing words.

_____ 1. De niño tenía que ir mucho a una _____ en San Juan.

_____ 2. ¿Cuánto tiempo _____ que se cayó?

_____ 3. Tengo que descansar durante dos o tres días porque me _____ el tobillo.

_____ 4. No está _____ el tobillo.

_____ 5. Pero por lo menos no necesito el _____ para dibujar.

Lección 1 Fotonovela Video Activities | **47**

Después de ver el video

5   **Seleccionar** Write the letter of the word or words that best completes each sentence in the spaces provided.

1. ____ conoce a una doctora que trabaja en una clínica cercana (*nearby*).

    a. Don Francisco   b. Maite   c. Álex   d. Inés

2. La doctora Márquez le va a ____ unas pastillas a Javier.

    a. vender   b. comprar   c. recetar   d. romper

3. Cuando era ____, ____ se enfermaba mucho de la garganta.

    a. niña; la doctora Márquez   b. niño; Javier   c. niño; Álex   d. niño; don Francisco

4. La doctora Márquez quiere ver si Javier se rompió uno de los huesos ____.

    a. de la pierna   b. del pie   c. del tobillo   d. de la rodilla

5. Una vez ____ se rompió la pierna jugando al ____.

    a. don Francisco; fútbol   b. Javier; béisbol   c. la doctora Márquez; baloncesto   d. Álex; fútbol

6. ____ se cayó cuando estaba en ____.

    a. Álex; el parque   b. Javier; el autobús   c. Don Francisco; la clínica   d. Javier; el restaurante

6   **Preguntas** Answer the following questions in Spanish.

1. ¿Tiene fiebre Javier? ¿Está mareado?

_____

2. ¿Cuánto tiempo hace que se cayó Javier?

_____

3. ¿Cómo se llama la clínica donde trabaja la doctora Márquez?

_____

4. ¿A quién no le gustaban mucho ni las inyecciones ni las pastillas?

_____

5. ¿Va a poder ir Javier de excursión con sus amigos?

_____

7   **Preguntas personales** Answer these questions in Spanish.

1. ¿Te gusta ir al/a la médico/a? ¿Por qué? _____

_____

2. ¿Tienes muchas alergias? ¿Eres alérgico/a a algún medicamento? _____

_____

3. ¿Cuándo es importante ir a la sala de emergencias? _____

_____

4. ¿Qué haces cuando tienes fiebre y te duele la garganta? _____

_____

Nombre _____   Fecha _____

Tecnohombre, ¡mi héroe!   Lección 2

Antes de ver el video

1 **¿Qué pasa?** Look at the video still. Where do you think Inés and don Francisco are? What do you think they are doing, and why?

_____
_____
_____
_____
_____
_____
_____

Mientras ves el video

2 **¿Qué oíste?** Watch the **Tecnohombre, ¡mi héroe!** segment of this video module and place a check mark beside the items you hear.

____ 1. Lo siento. No está.

____ 2. ¿Quién habla?

____ 3. Con el señor Fonseca, por favor.

____ 4. ¡A sus órdenes!

____ 5. ¡Uy! ¡Qué dolor!

____ 6. ¡No me digas!

____ 7. Estamos en Ibarra.

____ 8. Viene enseguida.

____ 9. No puede venir hoy.

____ 10. No veo el problema.

3 **Madrid** Watch Maite's flashback about getting around in Madrid and place a check mark beside the things you see.

____ 1. calles

____ 2. bicicletas

____ 3. carros

____ 4. una motocicleta

____ 5. monumentos

____ 6. taxis

____ 7. un *walkman*

____ 8. un taller

____ 9. una ambulancia

____ 10. una gasolinera

4 **Resumen** Watch the **Resumen** segment of this video module. Then write the name of the person who said each line.

_____ 1. Cuando estaba en la escuela secundaria, trabajé en el taller de mi tío.

_____ 2. Y Álex (...) usó su teléfono celular para llamar a un mecánico.

_____ 3. Al salir de Quito los otros viajeros y yo no nos conocíamos muy bien.

_____ 4. Piensa que puede arreglar el autobús aquí mismo.

_____ 5. Es bueno tener superamigos, ¿no?

Video Activities

Después de ver el video

5 **Corregir** All of these statements about the video episode are false. Rewrite them so that they will be true.

1. Don Francisco llamó al señor Fonseca, el mecánico.

   _____

2. Maite aprendió a arreglar autobuses en el taller de su tío.

   _____

3. Don Francisco descubre que el problema está en el alternador.

   _____

4. El mecánico saca una foto de Tecnohombre y la Mujer Mecánica con Maite y don Francisco.

   _____

5. El asistente del señor Fonseca está mirando la televisión.

   _____

6. El autobús está a unos treinta y cinco kilómetros de la ciudad.

   _____

6 **Una carta** Imagine that Maite is writing a short letter to a friend about today's events. In Spanish, write what you think Maite would say in her letter.

_____

_____

_____

_____

_____

_____

_____

7 **Preguntas personales** Answer these questions in Spanish.

1. Cuando tu carro está descompuesto, ¿lo llevas a un(a) mecánico/a o lo arreglas tú mismo/a?
   ¿Por qué? _____

   _____

2. ¿Conoces a un(a) buen(a) mecánico/a? ¿Cómo se llama? _____

   _____

3. ¿Tienes un teléfono celular? ¿Para qué lo usas? _____

   _____

   _____

¡Les va a encantar la casa!   Lección 3

Antes de ver el video

1   **En la casa** In this lesson, the students arrive at the house in Ibarra near the area where they will go on their hiking excursion. Keeping this information in mind, look at the video still and describe what you think is going on.

_____

_____

_____

_____

_____

_____

Mientras ves el video

2   **¿Cierto o falso?** Watch the **¡Les va a encantar la casa!** segment of this video module and indicate whether each statement is **cierto** or **falso**.

	Cierto	Falso
1. La señora Vives es la hermana de don Francisco.	O	O
2. Hay mantas y almohadas en el armario de la alcoba de los chicos.	O	O
3. El guía llega mañana a las siete y media de la mañana.	O	O
4. Don Francisco va a preparar todas las comidas.	O	O
5. La señora Vives cree que Javier debe poner las maletas en la cama.	O	O

3   **En México** Watch Álex's flashback about lodgings in Mexico and place a check mark beside the things you see.

_____ 1. balcones   _____ 4. una bicicleta

_____ 2. puertas   _____ 5. un perro (*dog*)

_____ 3. apartamentos   _____ 6. una vaca (*cow*)

4   **Resumen** Watch the **Resumen** segment of this video module. Then place a check mark beside each event that occurred in the **Resumen**.

_____ 1. La señora Vives les dice a los estudiantes que deben descansar.

_____ 2. Inés habla de la llegada (*arrival*) de los estudiantes a la casa.

_____ 3. Inés dice que va a acostarse porque el guía llega muy temprano mañana.

_____ 4. Don Francisco les dice a los estudiantes que les va a encantar la casa.

_____ 5. Javier dice que los estudiantes van a ayudar a la señora Vives con los quehaceres domésticos.

Video Activities

Después de ver el video

5   **Seleccionar**   Write the letter of the words that best complete each sentence.

1. Don Francisco dice que la casa es ____.

    a. pequeña pero bonita   b. pequeña pero cómoda   c. cómoda y grande

2. La habitación de los chicos tiene dos camas, una ____ y una ____.

    a. mesita de noche; cómoda   b. cafetera; lavadora   c. cómoda; tostadora

3. El sofá y los sillones ____ son muy cómodos.

    a. del jardín   b. de la sala   c. de las alcobas

4. Al fondo del ____ hay un ____.

    a. apartamento; comedor   b. edificio; baño   c. pasillo; baño

5. Inés le dice a ____ que los estudiantes quieren ayudarla a ____ la comida.

    a. Maite; comprar   b. la señora Vives; preparar   c. don Francisco; comprar

6   **Preguntas**   Answer the following questions about this video episode in Spanish.

1. ¿Cómo se llama el guía que viene mañana?

_____

_____

2. ¿Quién puso su maleta en la cama?

_____

_____

3. ¿Cómo se llama el ama de casa?

_____

_____

4. ¿Quién quiere que los estudiantes hagan sus camas?

_____

_____

5. Según don Francisco, ¿por qué deben acostarse temprano los estudiantes?

_____

_____

7   **Escribir**   Imagine that you are one of the characters you saw in this video episode. Write a paragraph from that person's point of view, summarizing what happened in this episode.

_____

_____

_____

_____

_____

_____

_____

Video Activities

¡Qué paisaje más hermoso!   Lección 4

Antes de ver el video

1 **El paisaje** In this video episode, Martín takes the students out to see the area where they will go hiking. What do you think the students and Martín talk about when they get to the hiking area?

_____

_____

_____

_____

_____

_____

_____

_____

Mientras ves el video

2 **Opiniones** Watch the **¡Qué paisaje más hermoso!** segment and place a check mark beside each opinion that was expressed in this video segment.

_____ 1. Hay un gran problema de contaminación en la Ciudad de México.

_____ 2. En las montañas, la contaminación no afecta al río.

_____ 3. El aire aquí en las montañas está muy contaminado.

_____ 4. No es posible hacer mucho para proteger el medio ambiente.

_____ 5. Es importante controlar el uso de automóviles.

3 **Los paisajes de Puerto Rico** Watch Javier's flashback about Puerto Rico's countryside and place a check mark beside the things you see.

_____ 1. un río   _____ 4. una flor

_____ 2. unas montañas   _____ 5. unas nubes

_____ 3. un pez   _____ 6. unos árboles

4 **Resumen** Watch the **Resumen** segment of this video module. Then indicate who made each statement, and complete the statements with the correct words.

_____ 1. Martín nos explicó lo que teníamos que hacer para proteger el _____.

_____ 2. Y sólo deben caminar por el _____.

_____ 3. No creo que haya _____ más bonitos en el mundo.

_____ 4. La _____ es un problema en todo el mundo.

_____ 5. ¡_____ que las comparta conmigo!

Video Activities

Después de ver el video

5 **¿Cierto o falso?** Indicate whether each sentence about this video episode is **cierto** or **falso**. If an item is false, rewrite it so that it will be correct.

1. Maite dice que su carro contamina mucho el aire.

_____

2. Martín dice que el río no está contaminado cerca de las ciudades.

_____

3. A Maite no le gusta el paisaje.

_____

4. Según Martín, es muy importante cuidar la naturaleza.

_____

5. Martín cree que es importante tocar las flores y las plantas.

_____

6 **Preguntas** Answer the following questions about this video episode in Spanish.

1. ¿Se pueden tomar fotos durante la excursión?

_____

_____

2. Según Javier, ¿cómo son los paisajes de Puerto Rico?

_____

_____

3. ¿Qué deben hacer los estudiantes si ven por el sendero botellas, papeles o latas?

_____

_____

4. ¿Qué va a hacer Maite si no puede conducir su carro en Madrid?

_____

_____

5. Según Álex, ¿cómo es el aire de la capital de México?

_____

_____

7 **Describir** List a few things that people can do to protect your community's environment.

_____

_____

_____

_____

_____

Video Activities

Estamos perdidos.   # Lección 5

Antes de ver el video

1 **En el centro** In this video episode, Álex and Maite get lost while running errands. What kinds of errands do you think they are running? Based on the video still, what do you think they will do to get their bearings?

_____

_____

_____

_____

_____

_____

Mientras ves el video

2 **Ordenar** Watch the **Estamos perdidos** segment of this lesson's video module and number the following events from one to five, according to the order in which they occurred in the video.

_____ a. Maite le describe a Inés los eventos del día.

_____ b. Don Francisco y Martín les dan consejos a los estudiantes sobre la excursión.

_____ c. Álex y Maite se pierden pero un joven les da direcciones.

_____ d. Maite y Álex van al banco y al supermercado.

_____ e. Álex y Maite deciden ir al centro.

3 **Completar** Watch the **Estamos perdidos** segment and complete the following sentences.

1. Estamos conversando sobre la _____ de mañana.

2. Les _____ que traigan algo de comer.

3. ¿Hay un _____ por aquí con cajero automático?

4. Fuimos al banco y al _____.

5. También buscamos un _____.

4 **Resumen** Watch the **Resumen** segment of this video module. Then place a check mark beside the events that you saw in the **Resumen**.

_____ 1. Maite sugiere que vayan ella y Álex al supermercado para comprar comida.

_____ 2. Inés dice que necesita ir al banco y al supermercado.

_____ 3. Maite le pregunta al joven si hay un banco por allí con cajero automático.

_____ 4. Álex y Maite toman un helado juntos.

Después de ver el video

5 **Seleccionar** Write the letter of the word or words that best completes each sentence in the spaces provided.

1. Don Francisco les recomienda a los estudiantes que ____ para la excursión.

   a. compren comida   b. traigan refrescos   c. lleven ropa adecuada   d. compren un mapa

2. Martín les aconseja a los estudiantes que traigan...

   a. comida.   b. unos refrescos.   c. un teléfono celular.   d. helado.

3. Inés quiere que Álex y Maite le compren...

   a. un mapa.   b. unas estampillas.   c. unas postales.   d. una cámara.

4. Álex y Maite van al banco, al correo y...

   a. al supermercado.   b. a la joyería.   c. al consultorio.   d. al cine.

5. Antes de volver a la casa, Álex y Maite van a una...

   a. pescadería.   b. joyería.   c. heladería.   d. panadería.

6. Maite piensa que el joven que les dio direcciones es...

   a. guapo pero antipático. b. alto y guapo.   c. simpático e inteligente. d. guapo y simpático.

6 **Escribir** Write a summary of today's events from Maite's point of view.

_____

_____

_____

_____

_____

_____

_____

7 **Las diligencias** Write a short paragraph describing some of the errands you ran last week. What did the errands involve, and what places in your community did you visit while running your errands?

_____

_____

_____

_____

_____

_____

_____

_____

Video Activities

¡Qué buena excursión!

Lección 6

Antes de ver el video

1 **Una excursión** List the types of things you would probably do and say during a hiking trip through a scenic area.

_____

_____

_____

_____

_____

_____

_____

_____

Mientras ves el video

2 **¿Quién?** Watch the **¡Qué buena excursión!** segment of this video module and indicate who said the following things.

_____ 1. Ya veo que han traído lo que necesitan.

_____ 2. No puedo creer que finalmente haya llegado el gran día.

_____ 3. Increíble, don Efe. Nunca había visto un paisaje tan espectacular.

_____ 4. Nunca había hecho una excursión.

_____ 5. Creo que la señora Vives nos ha preparado una cena muy especial.

3 **Un gimnasio en Madrid** Watch Maite's flashback about her gym in Madrid and place a check mark beside the people and things you see.

____ 1. una mujer que hace abdominales (*is doing sit-ups*)

____ 2. un hombre que lleva pantalones cortos rojos

____ 3. un hombre que levanta pesas

____ 4. una mujer que lleva una camiseta roja

4 **Resumen** Watch the **Resumen** segment of this video module. Then number the following events from one to five according to the order in which they occurred in the **Resumen**.

____ a. Javier dice que sacó muchísimas fotos.

____ b. Inés menciona que Martín es un guía muy bueno.

____ c. Inés dice que se alegra de haber conocido a los otros estudiantes.

____ d. Martín recomienda que los chicos hagan unos ejercicios de estiramiento.

____ e. Maite dice que le encantó la excursión.

Después de ver el video

5 **¿Cierto o falso?** Indicate whether each sentence about this video episode is **cierto** or **falso**. If an item is false, rewrite it so that it will be correct.

1. Según Álex, es muy bonita el área donde hicieron la excursión.

_____

2. Martín y los estudiantes hacen unos ejercicios de estiramiento después de la excursión.

_____

3. Don Francisco dice que el grupo debe volver a la casa para preparar la cena.

_____

4. Maite va a un gimnasio cuando está en Madrid.

_____

5. Maite va a tener mucho que decirle a su familia cuando regrese a España.

_____

6 **Preguntas personales** Answer the following questions in Spanish.

1. ¿Vas al gimnasio todos los días? ¿Por qué? _____

_____

2. ¿Sacas muchas fotos cuando estás de vacaciones? ¿Por qué? _____

_____

3. ¿Te gusta comer una cena grande después de hacer ejercicio? Explica por qué. _____

_____

4. ¿Has visto alguna vez un paisaje tan bonito como el paisaje que vieron Álex, Maite, Javier e Inés? ¿Dónde? _____

_____

5. ¿Quieres hacer una excursión como la que hicieron los cuatro estudiantes? Explica tu respuesta.

_____

_____

7 **Describir** Write a description of your personal fitness routine. You may write about an imaginary fitness routine if you wish.

_____

_____

_____

_____

_____

_____

¡Es un plan sensacional!   Lección 7

Antes de ver el video

1 **Planes para el futuro** In this video episode, the four travelers and don Francisco discuss their future plans. What kinds of things do you think they will mention?

_____
_____
_____
_____
_____
_____
_____
_____

Mientras ves el video

2 **Planes y profesiones** Watch the **¡Es un plan sensacional!** segment of this video module. Then indicate who made each statement, and fill in the blanks with the missing words.

_____ 1. Martín es el mejor _____ que conozco.

_____ 2. He decidido que (...) voy a establecer mi propia _____ de turismo.

_____ 3. Con su experiencia y talento, _____ un gran éxito.

_____ 4. Me _____ en la tele entrevistando a políticos, científicos, hombres y mujeres de negocios y actores y actrices.

_____ 5. Todo el mundo _____ comprar mis cuadros y llegaré a ser más famoso que Picasso, que Dalí, que Velázquez...

3 **Las profesiones en Puerto Rico** Watch Javier's flashback about interesting professions in Puerto Rico and place a check mark beside the people and things you see.

____ 1. teléfonos celulares   ____ 4. un médico

____ 2. un profesor   ____ 5. una arqueóloga

____ 3. una profesora   ____ 6. dos camareros

4 **Resumen** Watch the **Resumen** segment of this video module. Then place a check mark beside the events that you saw in the **Resumen**.

____ 1. Inés dice que Martín fue un guía estupendo.

____ 2. Maite dice que va a ser una pintora muy famosa.

____ 3. Álex dice que él y los otros viajeros van a seguir siendo amigos.

____ 4. Álex dice que va a establecer una compañía especializada en Internet.

____ 5. Álex escribe sobre la conversación que tuvieron él y sus amigos.

Lección 7 Fotonovela Video Activities   **59**

Después de ver el video

5 **Preguntas** In Spanish, answer the following questions about this video episode.

1. ¿Quién dice que va a ser un pintor famoso?

   _____

2. ¿Qué quiere hacer Maite en el futuro?

   _____

3. ¿Cuáles son los planes de Inés para el futuro?

   _____

4. ¿Qué piensa hacer don Francisco?

   _____

5. ¿Qué habrá hecho Álex en cinco años?

   _____

6 **En tu opinión** In Spanish, answer the following questions about this video episode.

1. En tu opinión, ¿cuál de los personajes (*characters*) va a tener la profesión más interesante?
   Explica tu respuesta. _____

   _____

2. ¿Cuál de los personajes será el/la más rico/a? Explica tu opinión. _____

   _____

3. ¿Cuál de los personajes será el/la más famoso/a? Explica tu opinión. _____

   _____

4. ¿Cuál de los personajes será el/la más feliz? _____

   _____

5. ¿Cuáles de los personajes van a lograr sus metas (*achieve their goals*)? Explica tu opinión.

   _____

   _____

7 **Tus planes** Write a description of what your life will be like in five years. Don't forget to mention your family, your friends, your residence, your hobbies, and your occupation.

   _____

   _____

   _____

   _____

   _____

   _____

Video Activities

¡Ahí vienen Romeo y Julieta!   Lección 8

Antes de ver el video

1 **Romeo y Julieta** In this video episode, Álex and Maite go out together. Based on the title of this episode and the video still, what do you think will happen on their date?

_____

_____

_____

_____

_____

_____

_____

Mientras ves el video

2 **Ordenar** Watch the **¡Ahí vienen Romeo y Julieta!** segment of this video module and number the following events from one to six, based on the order in which they occurred in the video.

____ a. Álex canta (¡pero muy mal!).

____ b. Álex dice que sus películas favoritas son las de ciencia ficción.

____ c. Álex y Maite ven que no abren el teatro hasta más tarde.

____ d. Álex y Maite se besan.

____ e. Maite dice que le gustaría ser cantante de ópera.

____ f. Álex menciona que le gusta la poesía de Octavio Paz.

3 **Los espectáculos de México** Watch Álex's flashback about cultural events in Mexico and place a check mark beside the things you see.

____ 1. cantantes　　　　　　　____ 4. bailarines

____ 2. una iglesia　　　　　　　____ 5. bailarinas

____ 3. murales　　　　　　　　____ 6. pintores

4 **Resumen** Watch the **Resumen** segment of this video module. Then place a check mark beside the statement that best sums up the **Resumen**.

____ 1. Álex y Maite se besaron en la entrada.

____ 2. Álex y Maite salieron juntos y Álex quiere salir con Maite otra vez.

____ 3. Álex y Maite se divirtieron pero Maite ya no quiere salir con Álex.

____ 4. Álex y Maite se divirtieron y Maite quiere salir con Álex otra vez.

____ 5. Javier e Inés sorprendieron a Álex y a Maite cuando volvieron a la casa.

Lección 8 Fotonovela Video Activities　**61**

Después de ver el video

5 **Seleccionar** Write the letter of the word or words that best completes each sentence in the spaces provided.

1. Abren el teatro a las...

   a. seis y media.   b. seis.   c. siete y media. d. siete.

2. Maite dice que le gustan mucho las películas...

   a. románticas.   b. de ciencia ficción. c. de horror.   d. de aventuras.

3. Álex dice que le gusta mucho leer la poesía de...

   a. García Lorca.   b. Carme Riera.   c. Octavio Paz.   d. Gabriela Mistral.

4. A Álex le gustaría ser...

   a. cantante de ópera.   b. pintor.   c. poeta.   d. periodista.

5. De no ser periodista, a Maite le gustaría ser...

   a. poeta.   b. actriz.   c. novelista.   d. cantante de ópera.

6. Cuando Álex y Maite regresan a la casa, ____ los sorprenden a la puerta.

   a. Javier y don Francisco b. Inés y don Francisco c. Javier e Inés d. Javier, Inés y don Francisco

---

6 **En tu opinión** Answer the following questions in Spanish.

1. ¿Crees que Álex y Maite van a salir juntos cuando vuelvan a Quito? ¿Por qué?

   _____

   _____

2. Álex y Maite tienen intereses similares, pero ¿son compatibles? Explica tu opinión.

   _____

   _____

3. ¿Crees que Javier e Inés van a ser novios algún día? ¿Por qué?

   _____

   _____

7 **En tu comunidad** In Spanish, describe a few of the cultural events that occur in your community or area. You may invent cultural events if you wish.

   _____

   _____

   _____

   _____

   _____

   _____

   _____

   _____

Video Activities

Nombre _____   Fecha _____

¡Hasta la próxima!   **Lección 9**

Antes de ver el video

1 **¿Qué pasa?** Look at the video still. Where do you think the travelers are? Who are they talking to, and what are they talking about?

_____
_____
_____
_____
_____
_____
_____
_____

Mientras ves el video

2 **Completar** Watch the **¡Hasta la próxima!** segment of this video module and complete the following sentences.

1. ¿Qué _____, don Francisco? ¡Qué _____ volver a verlo!

2. Nos _____ en clase de _____.

3. Me _____ hacerles una _____ sobre las _____ del viaje.

4. A ver… empecemos _____, Inés. ¿Cuál _____ tu experiencia _____?

5. Pero si nuestro _____ no _____ estado allí con nosotros, seguro que nos _____ perdido.

3 **¿Qué viste?** Watch the **¡Hasta la próxima!** segment of this video module and place a check mark beside the events that you saw.

_____ 1. Maite describe la fiesta sorpresa en el restaurante El Cráter.

_____ 2. Don Francisco besa a la señora Ramos.

_____ 3. Maite le dice a Roberto que Álex es su novio.

_____ 4. Álex dice que le gustaría hacer el viaje otra vez.

4 **Resumen** Watch the **Resumen** segment of this video module. Then number the following events from one to four according to the order in which they occurred in the **Resumen**.

_____ a. Álex y Maite se besan.

_____ b. Don Francisco ve que sus nuevos pasajeros son dos chicas y dos chicos.

_____ c. Javier dice que él y los otros viajeros tuvieron un viaje estupendo.

_____ d. Roberto le pregunta a Álex si le gustaría hacer el viaje otra vez.

Lección 9 Fotonovela Video Activities   **63**

Después de ver el video

5 **Preguntas** In Spanish, answer these questions about this video episode.

1. ¿Por qué quiere Roberto escribir un artículo sobre el viaje?

_____

_____

2. Para Inés, ¿cuál fue la mejor parte del viaje?

_____

_____

3. ¿Qué le dice Maite a Roberto sobre el viaje?

_____

_____

4. ¿Qué le menciona Javier a Roberto sobre el viaje?

_____

_____

5. Según Álex, ¿por qué le gustaría hacer el viaje otra vez?

_____

_____

6 **Un artículo** Imagine that you are Roberto's colleague at the school newspaper. Write a brief article about the trip using the information Roberto has collected.

_____

_____

_____

_____

_____

_____

_____

7 **¿Qué va a pasar?** The travelers and Don Francisco have just returned to Quito. What do you think the future holds for them? Will Álex and Maite continue dating? Will they get married? Will Javier and Inés start dating? Will the students and Don Francisco achieve their career goals?

_____

_____

_____

_____

_____

_____

Video Activities

Panorama: Costa Rica

Lección 1

Antes de ver el video

1 **Más vocabulario** Look over these useful words and expressions before you watch the video.

Vocabulario útil		
bosque *forest*	guía certificado *certified guide*	riqueza *wealth*
conservar *to preserve*	nuboso *cloudy*	tiendas de campaña *camping tents*
cubierto *covered*	permitir *to allow*	tocar *to touch*
entrar *to enter*	regla *rule*	tortugas marinas *sea turtles*

2 **Foto** Describe the video still. Write at least three sentences in Spanish.

_____
_____
_____
_____
_____
_____
_____

3 **Categorías** Categorize the words listed in the word bank.

bosque   guía   pedir   sacar
diferentes   hermosos   permite   Tortuguero
entrar   Monteverde   playa   turistas
exóticas   nuboso   pueblos   visitantes
frágil

Lugares	Personas	Verbos	Adjetivos

Video Activities

Mientras ves el video

4 **Marcar** While watching the video, check off the rules that have been put in place to protect nature.

_____ 1. En el parque Monteverde no pueden entrar más de 150 personas al mismo tiempo.

_____ 2. Los turistas tienen que dormir en tiendas de campaña.

_____ 3. Los turistas no pueden visitar Tortuguero en febrero.

_____ 4. Después de la seis no se permite ir a la playa sin un guía certificado.

_____ 5. Los turistas no pueden tocar las tortugas.

_____ 6. En Tortuguero está prohibido tomar fotografías.

Después de ver el video

5 **Completar** Complete the sentences with words from the word bank.

acampan	entrar	pasan	prohíbe
conservan	estudiar	prefieren	transportan

1. En Monteverde se _____ más de dos mil especies diferentes de animales.

2. En este parque no pueden _____ más de 150 personas al mismo tiempo.

3. Algunos turistas _____ en Monteverde.

4. Otros _____ ir a los hoteles de los pueblos que están cerca de Monteverde.

5. Se _____ sacar fotografías.

6 **Preferencias** Write a brief paragraph in Spanish where you describe which place(s) would you like to visit in Costa Rica and why.

_____

_____

_____

_____

_____

_____

_____

_____

_____

_____

Video Activities

Panorama: Argentina — Lección 2

Antes de ver el video

1 **Más vocabulario** Look over these useful words and expressions before you watch the video.

Vocabulario útil

actualmente *nowadays*	gaucho *cowboy*	pintura *paint*
barrio *neighborhood*	género *genre*	salón de baile *ballrooms*
cantante *singer*	homenaje *tribute*	suelo *floor*
exponer *to exhibit*	pareja *partner*	surgir *to emerge*
extrañar *to miss*	paso *step*	tocar *to play*

2 **Completar** The previous vocabulary will be used in this video. In preparation for watching the video, complete the sentences using words from the vocabulary list. Conjugate the verbs as necessary. Some words will not be used.

1. Los artistas _____ sus pinturas en las calles.

2. Beyoncé es una _____ famosa.

3. El tango tiene _____ muy complicados.

4. El jazz es un _____ musical que se originó en los Estados Unidos.

5. El tango _____ en Buenos Aires, Argentina.

6. La gente va a los _____ a divertirse.

7. Las personas _____ mucho a su país cuando tienen que vivir en el extranjero.

Mientras ves el video

3 **Marcar** Check off the cognates you hear while watching the video.

_____ 1. adultos _____ 7. dramático

_____ 2. aniversario _____ 8. exclusivamente

_____ 3. arquitectura _____ 9. famosos

_____ 4. artistas _____ 10. gráfica

_____ 5. demostración _____ 11. impacto

_____ 6. conferencia _____ 12. musical

Video Activities

Después de ver el video

4 **¿Cierto o falso?** Indicate whether each statement is **cierto** or **falso**. Correct the false statements.

1. Guillermo Alio dibuja en el suelo una gráfica para enseñar a cantar.

_____

2. El tango es música, danza, poesía y pintura.

_____

3. Alio es un artista que baila y canta al mismo tiempo.

_____

4. Alio y su pareja se ponen pintura verde en los zapatos.

_____

5. Ahora los tangos son historias de hombres que sufren por amor.

_____

6. El tango tiene un tono dramático y nostálgico.

_____

5 **Completar** Complete the sentences with words from the word bank.

actualmente	compositor	fiesta	género	homenaje	pintor	surgió	toca

1. El tango es un _____ musical que se originó en Argentina en 1880.

2. El tango _____ en el barrio La Boca.

3. _____ este barrio se considera un museo al aire libre.

4. En la calle Caminito se _____ y se baila el tango.

5. Carlos Gardel fue el _____ de varios de los tangos más famosos.

6. En el aniversario de su muerte, sus aficionados le hacen un _____.

6 **Responder** Answer the questions in Spanish. Use complete sentences.

1. ¿Por qué crees que el tango es tan famoso en todo el mundo?

_____

2. ¿Te gustaría (*Would you like*) aprender a bailar tango? ¿Por qué?

_____

3. ¿Qué tipo de música te gusta? Explica tu respuesta.

_____

Video Activities

Panorama: Panamá

Antes de ver el video

1 **Más vocabulario** Look over these useful words before you watch the video.

Vocabulario útil		
anualmente *annually*	**impresionante** *incredible*	**según** *according to*
arrecife *reef*	**lado** *side*	**sitio** *site*
disfrutar *to enjoy*	**peces** *fish*	**torneo** *tournament*
especies *species*	**precioso** *beautiful*	

2 **Responder** This video talks about the best places to dive and surf in Panama. In preparation for watching this video, answer these questions about surfing.

1. ¿Te gusta el *surf*? ¿Por qué?

_____

2. ¿Practicas este deporte? ¿Conoces a alguien que lo practique? ¿Dónde lo practica/s?

_____

Mientras ves el video

3 **Ordenar** Number the items in the order in which they appear in the video.

 _____

 _____

 _____

Lección 3 Panorama cultural Video Activities   **69**

Después de ver el video

4 **Emparejar** Find the items in the second column that correspond to the ones in the first.

1. La isla Contadora es la más grande _____   a. por la noche.
2. Allí siempre hace calor _____   b. del archipiélago.
3. En Panamá, los visitantes pueden bucear en   c. la playa blanca y el agua color turquesa.
   el océano Pacífico por la mañana, _____   d. por eso se puede bucear en todas las
4. Las islas de San Blas son 365, _____   estaciones.
5. En Santa Catarina los deportistas disfrutan   e. una para cada día del año.
   de _____   f. y en el mar Caribe por la tarde.

5 **Responder** Answer the questions in Spanish. Use complete sentences.

1. ¿Qué país centroamericano tiene costas en el océano Pacífico y en el mar Caribe?

   _____

   _____

2. ¿Por qué Las Perlas es un buen lugar para bucear?

   _____

   _____

3. ¿Cómo llegan los turistas a la isla Contadora?

   _____

   _____

4. ¿Cómo se llaman los indígenas que viven en las islas San Blas?

   _____

   _____

5. ¿Adónde van los mejores deportistas de *surfing* del mundo?

   _____

   _____

6 **Pasatiempos** Complete this chart in Spanish.

Mis deportes/ pasatiempos favoritos	Por qué me gustan	Dónde/cuándo los practico

Video Activities

Panorama: Colombia   Lección 4

Antes de ver el video

1 **Más vocabulario** Look over these useful words and expressions before you watch the video.

Vocabulario útil	
alrededores *surrounding area*	delfín *dolphin*
belleza natural *natural beauty*	desfile *parade*
campesinos *country/rural people*	disfrutar (de) *enjoy*
carroza *float*	feria *fair*
cordillera *mountain range*	fiesta *festival*
costas *coasts*	orquídea *orchid*

Mientras ves el video

2 **Preguntas** Answer the questions about these video stills. Use complete sentences.

¿Cómo se llama esta celebración?

1. _____

_____

_____

¿Dónde vive este animal?

2. _____

_____

_____

Lección 4 Panorama cultural Video Activities   **71**

Video Activities

Después de ver el video

3 **Emparejar** Find the items in the second column that correspond to the ones in the first.

_____ 1. El grano colombiano que se exporta mucho

_____ 2. El Carnaval de Barranquilla

_____ 3. En Colombia crecen muchas

_____ 4. Aquí vive el delfín rosado

_____ 5. Desfile de los silleteros

_____ 6. Aquí vive el cóndor

a. el café

b. Río Amazonas

c. Un desfile de carrozas decoradas

d. orquídeas

e. Feria de las Flores

f. Nevado del Huila

4 **Completar** Complete the sentences with words from the list.

> Amazonas   carrozas   el cóndor   flor
> campesinos   celebra   encuentra   reserva

1. En el Parque de Orquídeas hay más de tres mil especies de esta _____ .

2. En los alrededores del Parque Nevado del Huila vive _____ .

3. El río _____ está al sur de Colombia.

4. El Parque Amaracayu es una _____ natural.

5. Los _____ de la región participan en el desfile de los silleteros.

6. El domingo de carnaval se hace un desfile con _____ decoradas.

5 **Responder** Answer these questions in Spanish. Use complete sentences.

1. ¿Qué es lo primero que piensas cuando oyes la palabra carnaval?

_____

_____

_____

2. ¿Cuál crees que es el carnaval más famoso del mundo? ¿Por qué?

_____

_____

_____

3. ¿Cuál es el carnaval más famoso de los Estados Unidos? ¿Cómo se celebra?

_____

_____

_____

Panorama: Venezuela

Antes de ver el video

1 **Más vocabulario** Look over these useful words before you watch the video.

Vocabulario útil		
castillo *castle*	fuerte *fort*	plana *flat*
catarata *waterfall*	maravilla *wonder*	según *according to*
cima *top*	medir *measure*	teleférico *cable railway*

2 **Preferencias** In this video you are going to learn about two of the most famous tourist attractions in Venezuela: its mountains and beaches. In preparation for watching the video, complete these sentences.

1. Me gusta/No me gusta ir a la playa porque _____

_____

_____

2. Me gusta/No me gusta ir de excursión a las montañas porque _____

_____

_____

Mientras ves el video

3 **Marcar** Check off the cognates you hear while watching the video.

_____ 1. animales

_____ 2. arquitectura

_____ 3. construcción

_____ 4. diversa

_____ 5. famoso

_____ 6. geológicas

_____ 7. horizontales

_____ 8. marina

_____ 9. mitología

_____ 10. naturales

_____ 11. plantas

_____ 12. verticales

Video Activities

Después de ver el video

4 **¿Cierto o falso?** Indicate whether each statement is **cierto** or **falso**. Correct the false statements.

1. El Fortín Solano es la capital comercial de isla Margarita.

_____

2. Tepuyes es el nombre que los indígenas piaroas le dan a las montañas.

_____

3. Se cree que en el Parque Nacional Canaima hay muchas especies de plantas y animales que nunca han sido clasificadas.

_____

4. El Salto Ángel es la catarata más alta del mundo.

_____

5. Según la mitología de los piaroas el tepuy Autana representa la muerte.

_____

6. La isla Margarita es conocida como la Perla del Amazonas.

_____

5 **Completar** Complete the sentences with words from the word bank. Some words will not be used.

clase	islas	metros	río	verticales
fuertes	marina	planas	teleférico	

1. En Venezuela hay castillos y _____ que sirvieron para proteger al país hace muchos años.

2. En Venezuela hay más de 311 _____.

3. La isla Margarita tiene una fauna _____ muy diversa.

4. Los hoteles de isla Margarita son de primera _____.

5. El Parque Nacional Canaima tiene 38 grandes montañas de paredes _____ y cimas _____ .

6. Venezuela también tiene el _____ más largo del mundo.

6 **Escribir** In Spanish, list the three things you found most interesting in this video and explain your choices. Use complete sentences.

_____

_____

_____

_____

Panorama: Bolivia

Lección 6

Antes de ver el video

1 **Más vocabulario** Look over these useful words before you watch the video.

Vocabulario útil	
alimento *food*	**salar** *salt flat*
enorme *enormous*	**tratamiento** *treatment*
particular *unique*	

2 **Foto** Describe the video still. Write at least three sentences in Spanish.

_____

_____

_____

_____

_____

_____

_____

3 **Predecir** Based on the still in the previous activity, what do you think this video episode is going to be about?

_____

_____

_____

Mientras ves el video

4 **Marcar** Check off the cognates you hear while watching the video.

_____ 1. abundante _____ 4. contacto _____ 7. estrés _____ 10. extraordinario

_____ 2. arte _____ 5. cultura _____ 8. exceso _____ 11. presente

_____ 3. color _____ 6. diversa _____ 9. exótico _____ 12. región

Video Activities

Lección 6 Panorama cultural Video Activities

Después de ver el video

5 **Palabra correcta** The underlined elements in these statements are incorrect. Write the correct word on the space provided.

1. El salar de Uyuni está al <u>norte</u> de Bolivia.

   La palabra correcta es: _____

2. La sal, sin exceso es <u>mala</u> para las personas que sufren de enfermedades de los huesos.

   La palabra correcta es: _____

3. Los hoteles de esta región se hicieron con cuidado porque el contacto en exceso con la sal es <u>excelente</u> para la salud.

   La palabra correcta es: _____

4. Estos hoteles ofrecen a los huéspedes masajes y otros tratamientos para aliviar el <u>acné</u>.

   La palabra correcta es: _____

5. La sal se usa en Uyuni para <u>dañar</u> los alimentos.

   La palabra correcta es: _____

6. El salar de Uyuni parece un gran <u>parque</u> de color blanco.

   La palabra correcta es: _____

6 **Preferencias** Would you like to stay in a hotel where everything is made out of salt? In Spanish, give two reasons why you think you would like to stay in such a place and two more why you would not. Explain your reasons.

Razones por las que me gustaría:

_____

_____

_____

_____

_____

Razones por las que no me gustaría:

_____

_____

_____

_____

_____

_____

Video Activities

Panorama: Nicaragua

Antes de ver el video

1 **Más vocabulario** Look over these useful words and expressions before you watch the video.

Vocabulario útil		
artesanías *handicrafts, craft work*	dioses *gods*	ofrendas *offerings*
atractivos *attractions*	laguna *lagoon*	venado *deer*
burlarse *make fun (of)*	obras artesanales *handicrafts*	venerar *to worship*

2 **Categorías** Categorize the words listed in the word bank.

artesanales	creían	famosa	pueblo	significan
autoridades	deriva	habitantes	reciente	tradicionales
bailan	enojados	laguna	región	venden
capital	extensas	políticos		

Lugares	Personas	Verbos	Adjetivos

Mientras ves el video

3 **Marcar** Check off the verbs you hear while watching the video.

_____ 1. bailan   _____ 5. correr   _____ 9. jugar

_____ 2. burlan   _____ 6. creían   _____ 10. venden

_____ 3. calmar   _____ 7. deriva   _____ 11. veneraban

_____ 4. comer   _____ 8. estudiar   _____ 12. ver

Lección 7 Panorama cultural Video Activities

Video Activities

Después de ver el video

4 **Emparejar** Find the items in the second column that correspond to the ones in the first.

_____ 1. La más reciente erupción del Volcán Masaya

_____ 2. Los indígenas le daban esto a los dioses para calmar al volcán.

_____ 3. *Mazalt y yan*

_____ 4. Pasaba cuando los dioses estaban enojados

_____ 5. el Torovenado

a. una celebración

b. ofrendas

c. el volcán hacía erupción

d. nombre *Masaya* en lengua indígena

e. 1993

5 **Respuestas** Answer the questions in Spanish. Use complete sentences.

1. ¿Cómo se llama el pueblo donde está situada la laguna de Masaya?

_____

2. ¿De dónde se deriva el nombre *Masaya*?

_____

3. ¿Cuál es la fiesta más importante que se celebra en Masaya?

_____

4. ¿De quiénes se burlan los habitantes en estas fiestas?

_____

5. ¿Por qué se le conoce a Masaya como la capital del folklore nicaragüense?

_____

6. ¿Qué venden en el mercado, además de frutas y verduras?

_____

6 **Escribir** Write a short summary of this video in Spanish.

_____

_____

_____

_____

_____

_____

_____

_____

_____

_____

Video Activities

Panorama: República Dominicana   Lección 7

Antes de ver el video

1 **Más vocabulario** Look over these useful words and expressions before you watch the video.

Vocabulario útil	
crear *to create, form*	**papel** *role*
emigrantes *emigrants*	**ritmos** *rhythms*
fiestas nacionales *national festivals*	**tocar (música)** *to play (music)*

2 **Preguntas** This video talks about two musical genres famous in the Dominican Republic. In preparation for watching the video, answer these questions.

1. ¿Cuál es el género (*genre*) musical estadounidense con más fama internacional?

_____

2. ¿Te gusta esta música? ¿Por qué?

_____

Mientras ves el video

3 **Marcar** Check off the activities and places you see in the video.

_____ 1. niños sonriendo

_____ 2. mujer vendiendo ropa

_____ 3. parejas bailando

_____ 4. hombre tocando acordeón

_____ 5. niño jugando al fútbol

_____ 6. espectáculo de baile en teatro

_____ 7. bandera (*flag*) de la República Dominicana

_____ 8. mujer peinándose

_____ 9. boulevard

_____ 10. playa

Después de ver el video

4 **Corregir** The underlined elements in the sentences are incorrect. Write the correct words in the spaces provided.

1. Uno de los mejores ejemplos de la mezcla (*mix*) de culturas en la República Dominicana es la <u>arquitectura</u>.

La palabra correcta es: _____

2. El Festival del merengue se celebra en las <u>plazas</u> de Santo Domingo todos los veranos.

La palabra correcta es: _____

3. La música de República Dominicana está influenciada por la música tradicional de <u>Asia</u>.

La palabra correcta es: _____

Lección 7 Panorama cultural Video Activities   **79**

Video Activities

4. En todo el país hay discotecas donde se toca y se baila la bachata y el <u>jazz</u>.

La palabra correcta es: _____

5. El veintisiete de febrero de cada año los dominicanos celebran el día de la <u>madre</u>.

La palabra correcta es: _____

6. La bachata y el merengue son ritmos <u>poco</u> populares en la República Dominicana.

La palabra correcta es: _____

5 **Emparejar** Find the items in the second column that correspond to the ones in the first.

_____ 1. Aquí la gente baila la bachata y el merengue.

_____ 2. Este músico recibió en 1966 la Medalla presidencial.

_____ 3. *El Bachatón*

_____ 4. Juan Luis Guerra, Johnny Ventura y Wilfredo Vargas

_____ 5. La música dominicana recibió la influencia de estas personas.

a. Johnny Pacheco

b. Varios de los muchos músicos de bachata y merengue con fama internacional

c. Los indígenas que vivían en la región

d. Las discotecas de la ciudad

e. En este programa de televisión sólo se toca la bachata.

6 **Seleccionar** Select the sentence that best summarizes what you saw in this video.

_____ 1. Por muchos años, muchos emigrantes llegaron a la República Dominicana y crearon la actual cultura dominicana.

_____ 2. Todas las estaciones de radio tocan bachata y hay un programa de televisión muy popular dedicado exclusivamente a esta música, llamado *El Bachatón*.

_____ 3. Los ritmos más populares de la República Dominicana, la bachata y el merengue, son producto de varias culturas y forman parte integral de la vida de los dominicanos.

_____ 4. Una fiesta tradicional dominicana es el Festival del Merengue, que se celebra todos los veranos desde 1966 por las calles de Santo Domingo.

7 **Responder** Answer the questions in Spanish. Use complete sentences.

1. ¿Cuál es tu música favorita? ¿Por qué?

_____

2. ¿Dónde escuchas esta música? ¿Cuándo?

_____

3. ¿Quiénes son los intérpretes más famosos de esta música? ¿Cuál de ellos te gusta más?

_____

4. ¿Te gusta bailar? ¿Qué tipo de música bailas?

_____

5. ¿Es la música algo importante en tu vida? ¿Por qué?

_____

Video Activities

Panorama: El Salvador   Lección 8

Antes de ver el video

1 **Más vocabulario** Look over these useful words before you watch the video.

Vocabulario útil	
alimento *food*	grano *grain*
fuente *source*	salsa *sauce*

2 **Categorías** Categorize the words listed in the word bank.

arepas	comerciales	restaurantes
buena	importante	tamales
catedrales	maíz	tradicionales
cebolla	mercados	usa
centrales	plazas	Valle de México
ciudades	postre	venden
comenzaron	queso	vivían

Lugares	Comida	Verbos	Adjetivos

Mientras ves el video

3 **Marcar** Check off the verbs you hear while watching the video.

_____ 1. bailar   _____ 5. describir   _____ 8. saber   _____ 11. vender

_____ 2. cocinar   _____ 6. hacer   _____ 9. servir   _____ 12. usar

_____ 3. comer   _____ 7. limpiar   _____ 10. tocar   _____ 13. vivir

_____ 4. decir

Video Activities

Después de ver el video

4 **Completar** Complete the sentences with words from the word bank.

aceite	fuente	pupusas
arroz	maíz	sal
camarón	postre	símbolo

1. En El Salvador el _____ es el alimento principal de la dieta diaria.

2. Las pupusas se comen a veces como _____ acompañadas de frutas y chocolate.

3. En todos los lugares importantes de las ciudades y pueblos de El Salvador se venden _____.

4. Para hacer las pupusas se usa maíz, agua, _____ y sal.

5. El maíz es una buena _____ de carbohidratos.

6. El maíz se ha usado como _____ religioso.

5 **Foto** Describe the video still. Write at least three sentences in Spanish.

_____
_____
_____
_____
_____

6 **Escribir** Write about your favorite food and explain how to prepare it. Don't forget to include all the necessary ingredients.

_____
_____
_____
_____
_____
_____
_____

Panorama: Honduras

Lección 8

Antes de ver el video

1 Más vocabulario Look over these useful words and expressions before you watch the video.

Vocabulario útil	
astrónomo *astronomer*	**piezas de arte** *works of art*
clara *clear*	**quetzal** *quetzal (a type of bird)*
dentro de *inside*	**ruinas** *ruins*
escala *scale*	**serpiente** *snake*
impresionante *amazing*	

2 Predecir Do you remember the video from **Lección 4**? It was about the pyramids of Teotihuacán. In this lesson you are going to hear about other pyramids, those in the city of Copán, Honduras. Write a paragraph about the things you think you will see in this video.

_____

_____

_____

_____

_____

_____

_____

Mientras ves el video

3 Marcar Check off the words you hear while watching the video.

_____ 1. azteca

_____ 2. bailes

_____ 3. cultura precolombina

_____ 4. grupos

_____ 5. maya

_____ 6. ochocientos

_____ 7. quetzal

_____ 8. Rosalila

_____ 9. Sol

_____ 10. Tegucigalpa

Lección 8 Panorama cultural Video Activities | **83**

Video Activities

Después de ver el video

4   **Seleccionar**   Choose the option that best completes each sentence.

1. Una ciudad muy importante de la cultura _____ es Copán.
    a. olmeca   b. salvadoreña   c. azteca   d. maya

2. Desde mil novecientos _____ y cinco científicos han trabajado en estas ruinas.
    a. cincuenta   b. setenta   c. sesenta   d. noventa

3. Los mayas fueron grandes artistas, _____, matemáticos, astrónomos y médicos.
    a. maestros   b. estudiantes   c. arquitectos   d. cantantes

4. Ricardo Agurcia descubrió un templo _____ una pirámide.
    a. afuera de   b. cerca de   c. dentro de   d. a un lado de

5. En Copán encontraron el texto más _____ que dejó la gran civilización maya.
    a. extenso   b. corto   c. interesante   d. divertido

6. En Copán está el Museo de _____ Maya.
    a. Arte   b. Pintura   c. Escultura   d. Texto

7. La puerta del museo tiene la forma de la boca de _____.
    a. una serpiente   b. un gato   c. un puma   d. un quetzal

8. En la sala principal se encuentra la réplica _____ Rosalila.
    a. de la pirámide   b. de la ciudad   c. del Templo   d. de la ruina

5   **Fotos**   Describe the video stills. Write at least three sentences in Spanish for each still.

_____
_____
_____
_____
_____
_____
_____
_____
_____
_____
_____
_____

6   **Escribir**   Imagine that you went to Copán; write a postcard to a friend about everything you saw there.

_____
_____
_____
_____
_____

Panorama: Paraguay   Lección 9

Antes de ver el video

1 **Más vocabulario** Look over these useful words and expressions before you watch the video.

Vocabulario útil		
alimento *food*	cultivar *to cultivate*	quemar *to burn*
amargo *bitter*	empresas *companies*	sagrada *sacred*
asegurar *to maintain*	fuente *source*	suplemento
calabaza *pumpkin*	hervir *to boil*	alimenticio
cortar *to cut*	hojas *leaves*	*dietary supplement*

2 **Preferencias** In this video you are going to learn about the importance of a coffee-like beverage in the Paraguayan diet. Do you like coffee? Is it popular in your country? Why? Is it good for your health? Write a paragraph in Spanish to answer these questions.

_____

_____

_____

_____

Mientras ves el video

3 **Ordenar** Number the sentences in the order in which they appear in the video.

_____ a. El mate es un alimento.

_____ b. Hay muchas técnicas para preparar el mate.

_____ c. Tomar mate era ilegal.

_____ d. El mate se toma a toda hora.

_____ e. La yerba mate crece en América del Sur.

_____ f. El mate tiene vitaminas, minerales y antioxidantes.

_____ g. El mate tiene un sabor amargo.

_____ h. Los indígenas guaraní creían que esta planta era un regalo de sus antepasados.

_____ i. El mate es típico de Paraguay, Argentina y Uruguay.

_____ j. El mate es usado por personas que quieren adelgazar.

Después de ver el video

4   **Fotos**   Describe the video stills. Write at least three sentences in Spanish for each one.

_____

_____

_____

_____

_____

_____

_____

_____

_____

_____

_____

5   **Responder**   Answer the questions in Spanish.

1. ¿Qué es el mate?

_____

2. ¿Dónde es típico el mate?

_____

3. ¿Cómo usaban los indígenas guaraní el mate?

_____

4. ¿Cómo se usa hoy en día el mate?

_____

5. ¿Por qué era ilegal tomar mate?

_____

6. ¿Qué características tiene el mate?

_____

6   **Escribir**   Write a short summary of this video in Spanish.

_____

_____

_____

_____

_____

Panorama: Uruguay

Antes de ver el video

1 **Más vocabulario** Look over these useful words and expressions before you watch the video.

Vocabulario útil		
asado *barbecue*	campos *rural areas*	jineteadas *rodeo*
cabalgatas colectivas *caravans*	ganadería *ranching*	ranchos ganaderos *cattle ranches*
caballos *horses*	gauchos *cowboys*	siglos *centuries*

2 **Predecir** Based on the video stills, write what you think the video will be about.

_____

_____

_____

_____

_____

Mientras ves el video

3 **Describir** Write a short description of the items.

1. Las estancias son _____

_____

2. Los gauchos son _____

_____

3. Las cabalgatas colectivas son _____

_____

4. Las jineteadas son _____

_____

Lección 9 Panorama cultural Video Activities

Después de ver el video

4 **Responder** Answer the questions in Spanish.

1. ¿Te gustaría quedarte por unos días en una estancia? ¿Por qué?

   _____

2. ¿Por qué crees que a los turistas les gustan estos lugares? ¿Por qué son tan especiales?

   _____

3. ¿Hay en tu país hoteles parecidos a las estancias? ¿Cómo son?

   _____

5 **Imaginar** Imagine that you are a travel agent and that you need to create an itinerary for a client going to an **estancia**. Write the itinerary in the space below.

lunes	
martes	
miércoles	
jueves	
viernes	
sábado	
domingo	

6 **Escribir** Now imagine that you are a **gaucho**. What is your daily routine? Describe the activities you do every day.

En la mañana yo _____

_____

_____

En la tarde yo _____

_____

_____

En la noche yo _____

_____

_____

contextos

1 **Identificar** You will hear a series of words. Write each one in the appropriate category.

You hear: el hospital
You write: **el hospital** *under* **Lugares.**

Lugares	Medicinas	Condiciones y síntomas médicos
el hospital		

2 **Describir** For each drawing, you will hear two statements. Choose the one that corresponds to the drawing.

1. a.   b.

2. a.   b.

3. a.   b.

4. a.   b.

pronunciación

c (before a consonant) and q

You have learned that, in Spanish, the letter **c** before the vowels **a, o,** and **u** is pronounced like the *c* in the English word *car*. When the letter **c** appears before any consonant except **h,** it is also pronounced like the *c* in *car*.

clínica	bicicleta	crema	doctora	octubre

In Spanish, the letter **q** is always followed by an **u,** which is silent. The combination **qu** is pronounced like the *k* sound in the English word *kitten*. Remember that the sounds **kwa, kwe, kwi, kwo,** and **koo** are always spelled with the combination **cu** in Spanish, never with **qu**.

querer	parque	queso	química	mantequilla

1 **Práctica** Repeat each word after the speaker, focusing on the **c** and **q** sounds.

1. quince	5. conductor	9. aquí
2. querer	6. escribir	10. ciclismo
3. pequeño	7. contacto	11. electrónico
4. equipo	8. increíble	12. quitarse

2 **Oraciones** When you hear the number, read the corresponding sentence aloud. Then listen to the speaker and repeat the sentence.

1. El doctor Cruz quiso sacarle un diente.
2. Clara siempre se maquilla antes de salir de casa.
3. ¿Quién perdió su equipaje?
4. Pienso comprar aquella camisa porque me queda bien.
5. La chaqueta cuesta quinientos cuarenta dólares, ¿no?
6. Esa cliente quiere pagar con tarjeta de crédito.

3 **Refranes** Repeat each saying after the speaker to practice the **c** and the **q** sounds.

1. Ver es creer. [1]
2. Quien mal anda, mal acaba. [2]

4 **Dictado** You will hear five sentences. Each will be said twice. Listen carefully and write what you hear.

1. _____
2. _____
3. _____
4. _____
5. _____
_____

Seeing is believing. [1]
He who lives badly, ends badly. [2]

Audio Activities

estructura

1.1 The imperfect tense

1 **Identificar** Listen to each sentence and circle the verb tense you hear.

1. a. present   b. preterite   c. imperfect   6. a. present   b. preterite   c. imperfect
2. a. present   b. preterite   c. imperfect   7. a. present   b. preterite   c. imperfect
3. a. present   b. preterite   c. imperfect   8. a. present   b. preterite   c. imperfect
4. a. present   b. preterite   c. imperfect   9. a. present   b. preterite   c. imperfect
5. a. present   b. preterite   c. imperfect   10. a. present   b. preterite   c. imperfect

2 **Cambiar** Form a new sentence using the cue you hear. Repeat the correct answer after the speaker. (6 *items*)

> **modelo**
> Iban a casa. (Eva)
> Eva iba a casa.

3 **Preguntas** A reporter is writing an article about funny things people used to do when they were children. Answer her questions, using the cues in your lab manual. Then repeat the correct response after the speaker.

> **modelo**
> You hear: ¿Qué hacía Miguel de niño?
> You see: ponerse pajitas (*straws*) en la nariz
> You say: Miguel se ponía pajitas en la nariz.

1. quitarse los zapatos en el restaurante   4. jugar con un amigo invisible
2. vestirnos con la ropa de mamá   5. usar las botas de su papá
3. sólo querer comer dulces   6. comer con las manos

4 **Completar** Listen to this description of Ángela's medical problem and write the missing words in your lab manual.

(1) _____ Ángela porque (2) _____ día y noche.

(3) _____ que (4) _____ un resfriado, pero se

(5) _____ bastante saludable. Se (6) _____ de la biblioteca después

de poco tiempo porque les (7) _____ a los otros estudiantes. Sus amigas, Laura y

Petra, siempre le (8) _____ que (9) _____ alguna alergia. Por fin,

decidió hacerse un examen médico. La doctora le dijo que ella (10) _____

alérgica y que (11) _____ muchas medicinas para las alergias. Finalmente, le

recetó unas pastillas. Al día siguiente (*following*), Ángela se (12) _____ mejor

porque (13) _____ cuál era el problema y ella dejó de estornudar después de

tomar las pastillas.

Audio Activities

Lección 1 Audio Activities   **91**

1.2 The preterite and the imperfect

1   **Identificar**   Listen to each statement and identify the verbs in the preterite and the imperfect. Write them in the appropriate column.

> **modelo**
>
> *You hear:* Cuando llegó la ambulancia, el esposo estaba mareado.
> *You write:* **llegó** under *preterite*, and **estaba** under *imperfect*.

	preterite	imperfect
Modelo	llegó	estaba
1.		
2.		
3.		
4.		
5.		
6.		
7.		
8.		

2   **Responder**   Answer the questions using the cues in your lab manual. Substitute direct object pronouns for the direct object nouns when appropriate. Repeat the correct response after the speaker.

> **modelo**
>
> *You hear:* ¿Por qué no llamaste al médico la semana pasada?
> *You see:* perder su número de teléfono
> *You say:* Porque perdí su número de teléfono.

1. en la mesa de la cocina
2. tener ocho años
3. lastimar el tobillo
4. no, poner en la mochila
5. tomar las pastillas
6. No. Pero tener una grave infección de garganta.
7. toda la mañana
8. necesitar una radiografía de la boca

3   **¡Qué nervios!**   Listen as Sandra tells a friend about her day. Then read the statements in your lab manual and decide whether they are **cierto** or **falso**.

	Cierto	Falso
1. Sandra tenía mucha experiencia poniendo inyecciones.	○	○
2. La enfermera tenía un terrible dolor de cabeza.	○	○
3. La enfermera le dio una pastilla a Sandra.	○	○
4. El paciente trabajaba en el hospital con Sandra.	○	○
5. El paciente estaba muy nervioso.	○	○
6. Sandra le puso la inyección mientras él hablaba.	○	○

Audio Activities

1.3 Constructions with **se**

1 **Escoger** Listen to each question and choose the most logical response.

1. a. Ay, se te quedó en casa.
   b. Ay, se me quedó en casa.
2. a. No, se le olvidó llamarlo.
   b. No, se me olvidó llamarlo.
3. a. Se le rompieron jugando al fútbol.
   b. Se les rompieron jugando al fútbol.

4. a. Ay, se les olvidaron.
   b. Ay, se nos olvidaron.
5. a. No, se me perdió.
   b. No, se le perdió.
6. a. Se nos rompió.
   b. Se le rompieron.

2 **Preguntas** Answer each question you hear using the cue in your lab manual and the impersonal **se**. Repeat the correct response after the speaker.

> **modelo**
> *You hear:* ¿Qué lengua se habla en Costa Rica?
> *You see:* español
> *You say:* Se habla español.

1. a las seis
2. gripe
3. en la farmacia

4. en la caja
5. en la Oficina de Turismo
6. tomar el autobús #3

3 **Letreros (*Signs*)** Some or all of the type is missing on the signs in your lab manual. Listen to the speaker and write the appropriate text below each sign. The text for each sign will be repeated.

_____
_____
_____

_____
_____
_____

_____
_____
_____

_____
_____
_____

Audio Activities

1.4 Adverbs

1 **Completar** Listen to each statement and circle the word or phrase that best completes it.

1. a. casi   b. mal   c. ayer
2. a. con frecuencia   b. además   c. ayer
3. a. poco   b. tarde   c. bien
4. a. a menudo   b. muy   c. menos
5. a. así   b. apenas   c. tranquilamente
6. a. bastante   b. a tiempo   c. normalmente

2 **Cambiar** Form a new sentence by changing the adjective in your lab manual to an adverb. Repeat the correct answer after the speaker.

> **modelo**
> *You hear:* Juan dibuja.
> *You see:* fabuloso
> *You say:* Juan dibuja fabulosamente.

1. regular   4. constante
2. rápido   5. general
3. feliz   6. fácil

3 **Preguntas** Answer each question you hear in the negative, using the cue in your lab manual. Repeat the correct response after the speaker.

> **modelo**
> *You hear:* ¿Salió bien la operación?
> *You see:* mal
> *You say:* No, la operación salió mal.

1. lentamente   4. nunca
2. tarde   5. tristemente
3. muy   6. poco

4 **Situaciones** You will hear four brief conversations. Choose the phrase that best completes each sentence in your lab manual.

1. Mónica...
   a. llegó tarde al aeropuerto.
   b. casi perdió el avión a San José.
   c. decidió no ir a San José.

2. Pilar...
   a. se preocupa por la salud de Tomás.
   b. habla con su médico.
   c. habla con Tomás sobre un problema médico.

3. La señora Blanco...
   a. se rompió la pierna hoy.
   b. quiere saber si puede correr mañana.
   c. se lastimó el tobillo hoy.

4. María está enojada porque Vicente...
   a. no va a recoger (*to pick up*) su medicina.
   b. no recogió su medicina ayer.
   c. no debe tomar antibióticos.

vocabulario

You will now hear the vocabulary found in your textbook on the last page of this lesson. Listen and repeat each Spanish word or phrase after the speaker.

contextos

1 **Asociaciones** Circle the word or words that are not logically associated with each word you hear.

1. la impresora	la velocidad	el *fax*
2. guardar	imprimir	funcionar
3. la carretera	el motor	el sitio Web
4. el tanque	el ratón	el aceite
5. conducir	el cibercafé	el reproductor de MP3
6. el archivo	la televisión	la llanta

2 **¿Lógico o ilógico?** You will hear some statements. Decide if they are **lógico** or **ilógico**.

	Lógico	Ilógico		Lógico	Ilógico
1.	○	○	4.	○	○
2.	○	○	5.	○	○
3.	○	○	6.	○	○

3 **Identificar** For each drawing in your lab manual, you will hear two statements. Choose the statement that best corresponds to the drawing.

1. a. _____ b. _____

2. a. _____ b. _____

3. a. _____ b. _____

4. a. _____ b. _____

Audio Activities

pronunciación

c (before e or i), s, and z

In Latin America, **c** before **e** or **i** sounds much like the *s* in *sit*.

medi**c**ina	**c**elular	cono**c**er	pa**c**iente

In parts of Spain, **c** before **e** or **i** is pronounced like the *th* in *think*.

condu**c**ir	poli**c**ía	**c**ederrón	velo**c**idad

The letter **s** is pronounced like the *s* in *sit*.

subir	be**s**ar	**s**onar	impre**s**ora

In Latin America, the Spanish **z** is pronounced like the s in *sit*.

cabe**z**a	nari**z**	abra**z**ar	embara**z**ada

The **z** is pronounced like the *th* in *think* in parts of Spain.

zapatos	**z**ona	pla**z**a	bra**z**o

1 **Práctica** Repeat each word after the speaker to practice pronouncing **s**, **z**, and **c** before **i** and **e**.

1. funcionar	4. sitio	7. zanahoria	10. perezoso
2. policía	5. disco	8. marzo	11. quizás
3. receta	6. zapatos	9. comenzar	12. operación

2 **Oraciones** When you hear each number, read the corresponding sentence aloud. Then listen to the speaker and repeat the sentence.

1. Vivió en Buenos Aires en su niñez pero siempre quería pasar su vejez en Santiago.

2. Cecilia y Zulaima fueron al centro a cenar al restaurante Las Delicias.

3. Sonó el despertador a las seis y diez pero estaba cansado y no quiso oírlo.

4. Zacarías jugaba al baloncesto todas las tardes después de cenar.

3 **Refranes** Repeat each saying after the speaker to practice pronouncing **s**, **z**, and **c** before **i** and **e**.

1. Zapatero, a tus zapatos.[1]

2. Primero es la obligación que la devoción.[2]

4 **Dictado** You will hear a friend describing Azucena's weekend experiences. Listen carefully and write what you hear during the pauses. The entire passage will be repeated so that you can check your work.

_____

_____

_____

_____

_____

_____

Mind your P's and Q's. (lit. Shoemaker, to your shoes.)[1]
Business before pleasure.[2]

Audio Activities

estructura

2.1 Familiar commands

1 **Identificar** You will hear some sentences. If the verb is a **tú** command, circle **Sí** in your lab manual. If the verb is not a **tú** command, circle **No**.

> **modelo**
>
> *You hear:* Ayúdanos a encontrar el control remoto.
> *You circle:* **Sí** because **Ayúdanos** is a **tú** command.

1. Sí   No
2. Sí   No
3. Sí   No
4. Sí   No
5. Sí   No

6. Sí   No
7. Sí   No
8. Sí   No
9. Sí   No
10. Sí   No

2 **Cambiar** Change each command you hear to the negative. Repeat the correct answer after the speaker. (*8 items*)

> **modelo**
>
> Cómprame un reproductor de DVD.
> No me compres un reproductor de DVD.

3 **Preguntas** Answer each question you hear using an affirmative **tú** command. Repeat the correct response after the speaker. (*7 items*)

> **modelo**
>
> ¿Estaciono aquí?
> Sí, estaciona aquí.

4 **Consejos prácticos** You will hear a conversation among three friends. Using **tú** commands and the ideas presented, write six pieces of advice that Mario can follow to save some money.

1. _____
2. _____
3. _____
4. _____
5. _____
6. _____

Audio Activities

2.2 Por and para

1 **Escoger** You will hear some sentences with a beep in place of a preposition. Decide if **por** or **para** should complete each sentence.

> *modelo*
>
> *You hear:* El teclado es (*beep*) la computadora de Nuria.
> *You mark:* an **X** under **para**.

	por	para
Modelo	_____	X _____
1.	_____	_____
2.	_____	_____
3.	_____	_____
4.	_____	_____
5.	_____	_____
6.	_____	_____
7.	_____	_____
8.	_____	_____

2 **La aventura** Complete each phrase about Jaime with **por** or **para** and the cue in your lab manual. Repeat each correct response after the speaker.

> *modelo*
>
> *You hear:* Jaime estudió
> *You see:* médico
> *You say:* Jaime estudió para médico.

1. unos meses
2. hacer sus planes
3. mil dólares
4. ver a sus papás

5. la ciudad
6. su mamá
7. pesos
8. las montañas

3 **Los planes** Listen to the telephone conversation between Antonio and Sonia and then select the best response for the questions in your lab manual.

1. ¿Por dónde quiere ir Sonia para ir a Bariloche?
   a. Quiere ir por Santiago de Chile.
   b. Va a ir por avión.
2. ¿Para qué va Sonia a Bariloche?
   a. Va para esquiar.
   b. Va para comprar esquíes.

3. ¿Por qué tiene que ir de compras Sonia?
   a. Para comprar una bolsa.
   b. Necesita un abrigo por el frío.
4. ¿Por qué quiere ir Antonio con ella hoy?
   a. Quiere ir para estar con ella.
   b. Quiere ir para comprar un regalo.

2.3 Reciprocal reflexives

1 **Escoger** Listen to each question and, in your lab manual, choose the most logical response.

1. a. Hace cuatro años que nos conocimos.
   b. Se vieron todos los fines de semana.
2. a. Nos besamos antes de salir a trabajar.
   b. No, creo que se besaron en la segunda.
3. a. Nos llevamos mal sólo el último año.
   b. Se llevaron mal siempre.
4. a. Sí, se saludan con un abrazo y también con un beso.
   b. Nos saludamos desde lejos.
5. a. Casi nunca me miraban.
   b. Creo que se miraban con mucho amor.
6. a. Sólo nos ayudamos para el examen.
   b. Se ayudan a menudo.
7. a. Creo que se hablan todas las noches.
   b. Le hablan mucho porque tienen celulares.
8. a. Cuando se casaron se querían mucho.
   b. Cada día nos queremos más.

2 **Responder** Answer each question in the affirmative. Repeat the correct answer after the speaker. (6 *items*)

> **modelo**
>
> ¿Se abrazaron tú y Carolina en la primera cita?
> Sí, nos abrazamos en la primera cita.

3 **Los amigos** Listen to a description of a friendship and then, in your lab manual, choose the phrase that best completes each sentence.

1. Desde los once años, los chicos _____ con frecuencia.
   a. se veían   b. se ayudaban   c. se besaban
2. Samuel y Andrea _____ por la amistad (*friendship*) de sus madres.
   a. se escribían   b. se entendían   c. se conocieron
3. Las madres de Andrea y Samuel...
   a. se ayudaban.   b. se conocían bien.   c. se odiaban.
4. Andrea y Samuel no _____ por un tiempo por un problema.
   a. se conocieron   b. se hablaron   c. se ayudaron
5. Después de un tiempo,...
   a. se besaron.   b. se pidieron perdón.   c. se odiaron.
6. La separación sirvió para enseñarles que...
   a. se querían.   b. se hablaban mucho.   c. se conocían bien.
7. No es cierto. Andrea y Samuel no...
   a. se casaron.   b. se entendían bien.   c. se querían.
8. Los dos amigos _____ por un tiempo.
   a. se besaban   b. se comprometieron   c. se llevaron mal

Audio Activities

2.4 Stressed possessive adjectives and pronouns

1 **Identificar** Listen to each statement and mark an **X** in the column identifying the possessive pronoun you hear.

> **modelo**
> *You hear:* Ya arreglaron todos los coches pero el tuyo no.
> *You write:* an **X** under *yours*.

	mine	*yours*	*his/hers*	*ours*	*theirs*
Modelo	____	**X**	____	____	____
1.	____	____	____	____	____
2.	____	____	____	____	____
3.	____	____	____	____	____
4.	____	____	____	____	____
5.	____	____	____	____	____
6.	____	____	____	____	____
7.	____	____	____	____	____
8.	____	____	____	____	____

2 **Transformar** Restate each sentence you hear, using the cues in your lab manual. Repeat the correct answer after the speaker.

> **modelo**
> *You hear:* ¿De qué año es el carro suyo?
> *You see:* mine
> *You say:* ¿De qué año es el carro mío?

1. *his*   3. *yours (fam.)*   5. *mine*
2. *ours*   4. *theirs*   6. *hers*

3 **¿Cierto o falso?** You will hear two brief conversations. Listen carefully and then indicate whether the statements in your lab manual are **cierto** or **falso**.

Conversación 1   Cierto   Falso
1. Pablo dice que el carro es de Ana.   O   O
2. Ana necesita la computadora para su trabajo.   O   O
3. Los discos compactos de Ana son mejores que los de Pablo.   O   O
Conversación 2
4. La computadora de Adela tiene un módem muy rápido.   O   O
5. La calculadora de la prima de Adela es muy buena.   O   O
6. La calculadora es más de Adela que de ellos dos.   O   O

vocabulario

You will now hear the vocabulary found in your textbook on the last page of this lesson. Listen and repeat each Spanish word or phrase after the speaker.

contextos

Lección 3

1 **Describir** Listen to each sentence and write the number of the sentence below the drawing of the household item mentioned.

a. _____   b. _____   c. _____

d. _____   e. _____   f. _____

g. _____   h. _____

2 **Identificar** You will hear a series of words. Write the word that does not belong in each series.

1. _____   4. _____   7. _____

2. _____   5. _____   8. _____

3. _____   6. _____

3 **Quehaceres domésticos** Your children are complaining about the state of things in your house. Respond to their complaints by telling them what household chores they should do to correct the situation. Repeat the correct response after the speaker. (*6 items*)

> **modelo**
> La ropa está arrugada (*wrinkled*).
> *Debes planchar la ropa.*

4 **En la oficina de la agente inmobiliaria** Listen to this conversation between Mr. Fuentes and a real estate agent. Then read the statements in your lab manual and decide whether they are **cierto** or **falso**.

	Cierto	Falso
1. El señor Fuentes quiere alquilar una casa.	O	O
2. El señor Fuentes quiere vivir en las afueras.	O	O
3. Él no quiere pagar más de 900 balboas al mes.	O	O
4. Él vive solo (*alone*).	O	O
5. El edificio de apartamentos tiene ascensor.	O	O
6. El apartamento tiene lavadora.	O	O

Lección 3 Audio Activities

Audio Acativities

pronunciación

The letter x

In Spanish, the letter **x** has several sounds. When the letter **x** appears between two vowels, it is usually pronounced like the *ks* sound in *eccentric* or the *gs* sound in *egg salad*.

con**exi**ón   **exa**men   **sax**ofón

If the letter x is followed by a consonant, it is pronounced like *s* or *ks*.

ex**p**licar   se**x**to   ex**c**ursión

In Old Spanish, the letter **x** had the same sound as the Spanish **j**. Some proper names and some words from native languages like Náhuatl and Maya have retained this pronunciation.

Don Qui**x**ote   Oa**x**aca   Te**x**as

---

1 **Práctica** Repeat each word after the speaker, focusing on the **x** sound.

1. éxito	5. expedición	9. excepto
2. reflexivo	6. mexicano	10. exagerar
3. exterior	7. expresión	11. contexto
4. excelente	8. examinar	12. Maximiliano

---

2 **Oraciones** When you hear the number, read the corresponding sentence aloud. Then listen to the speaker and repeat the sentence.

1. Xavier Ximénez va de excursión a Ixtapa.

2. Xavier es una persona excéntrica y se viste de trajes extravagantes.

3. Él es un experto en lenguas extranjeras.

4. Hoy va a una exposición de comidas exóticas.

5. Prueba algunos platos exquisitos y extraordinarios.

---

3 **Refranes** Repeat each saying after the speaker to practice the **x** sound.

1. Ir por extremos no es de discretos.[1]

2. El que de la ira se deja vencer, se expone a perder. [2]

---

4 **Dictado** You will hear five sentences. Each will be said twice. Listen carefully and write what you hear.

1. _____

2. _____

3. _____

4. _____

5. _____

Prudent people don't go to extremes. [1]
He who allows anger to overcome him, risks losing. [2]

estructura

3.1 Relative pronouns

1 **Escoger** You will hear some sentences with a beep in place of the relative pronoun. Decide whether **que**, **quien**, or **lo que** should complete each sentence and circle it.

> **modelo**
>
> You hear: (Beep) me gusta de la casa es el jardín.
> You circle: **Lo que** because the sentence is **Lo que me gusta de la casa es el jardín**.

1. que	quien	lo que		6. que	quien	lo que
2. que	quien	lo que		7. Que	Quien	Lo que
3. que	quien	lo que		8. que	quien	lo que
4. que	quien	lo que		9. que	quien	lo que
5. que	quien	lo que		10. que	quien	lo que

2 **Completar** You will hear some incomplete sentences. Choose the correct ending for each sentence.

1. a. con que trabaja tu amiga.
   b. que se mudó a Portobelo.
2. a. que vende muebles baratos.
   b. que trabajábamos.
3. a. a quienes escribí son mis primas.
   b. de quien te escribí.
4. a. con que barres el suelo.
   b. que queremos vender.
5. a. lo que deben.
   b. que deben.
6. a. que te hablo es ama de casa.
   b. en quien pienso es ama de casa.

3 **Preguntas** Answer each question you hear using a relative pronoun and the cues in your lab manual. Repeat the correct response after the speaker.

> **modelo**
>
> You hear: ¿Quiénes son los chicos rubios?
> You see: mis primos / viven en Colón
> You say: Son mis primos que viven en Colón.

1. chica / conocí en el café
2. el cliente / llamó ayer
3. chico / se casa Patricia
4. agente / nos ayudó
5. vecinos / viven en la casa azul
6. chica / trabajo

4 **Un robo (break-in)** There has been a theft at the Rivera's house. The detective they have hired has gathered all the family members in the living room to reveal the culprit. Listen to his conclusions. Then complete the list of clues (**pistas**) in your lab manual and answer the question.

Pistas

1. El reloj que _____
2. La taza que _____
3. La almohada que _____

Pregunta

¿Quién se llevó las cucharas de la abuela y por qué se las llevó? _____

Audio Acativities

3.2 Formal commands

1 **Identificar** You will hear some sentences. If the verb is a formal command, circle **Sí**. If the verb is not a command, circle **No**.

> **modelo**
>
> *You hear:* Saque la basura.
> *You circle:* **Sí** because **Saque** is a formal command.

1. Sí   No
2. Sí   No
3. Sí   No
4. Sí   No
5. Sí   No

6. Sí   No
7. Sí   No
8. Sí   No
9. Sí   No
10. Sí   No

2 **Cambiar** A physician is giving a patient advice. Change each sentence you hear from an indirect command to a formal command. Repeat the correct answer after the speaker. *(6 items)*

> **modelo**
>
> Usted tiene que dormir ocho horas cada noche.
> Duerma *ocho horas cada noche.*

3 **Preguntas** Answer each question you hear in the affirmative using a formal command and a direct object pronoun. Repeat the correct response after the speaker. *(8 items)*

> **modelo**
>
> ¿Cerramos las ventanas?
> Sí, *ciérrenlas.*

4 **Más preguntas** Answer each question you hear using a formal command and the cue in your lab manual. Repeat the correct response after the speaker.

> **modelo**
>
> *You hear:* ¿Debo llamar al señor Rodríguez?
> *You see:* no / ahora
> *You say:* No, no lo llame ahora.

1. no
2. a las cinco
3. sí / aquí

4. no
5. el primer día del mes
6. que estamos ocupados

5 **Direcciones** Julia is going to explain how to get to her home. Listen to her instructions, then number the instructions in your lab manual in the correct order. Two items will not be used.

_____ a. entrar al edificio que está al lado del Banco Popular

_____ b. tomar el ascensor al cuarto piso

_____ c. buscar las llaves debajo de la alfombra

_____ d. ir detrás del edificio

_____ e. bajarse del metro en la estación Santa Rosa

_____ f. subir las escaleras al tercer piso

_____ g. caminar hasta el final del pasillo

Audio Activities

3.3 The present subjunctive

1 **Escoger** You will hear some sentences with a beep in place of a verb. Decide which verb should complete each sentence and circle it.

> **modelo**
>
> *You hear:* Es urgente que (*beep*) al médico.
> *You see:* vas   vayas
> *You circle:* **vayas because the sentence is Es urgente que vayas al médico.**

1. tomamos   tomemos
2. conduzcan   conducen
3. aprenda   aprende
4. arreglas   arregles

5. se acuestan   se acuesten
6. sabes   sepas
7. almorcemos   almorzamos
8. se mude   se muda

2 **Cambiar** You are a Spanish instructor, and it's the first day of class. Tell your students what it is important for them to do using the cues you hear. (*8 items*)

> **modelo**
>
> hablar español en la clase
> **Es importante que ustedes hablen español en la clase.**

3 **Transformar** Change each sentence you hear to the subjunctive mood using the expression in your lab manual. Repeat the correct answer after the speaker.

> **modelo**
>
> *You hear:* Pones tu ropa en el armario.
> *You see:* Es necesario
> *You say:* **Es necesario que pongas tu ropa en el armario.**

1. Es mejor
2. Es urgente
3. Es malo

4. Es importante
5. Es bueno
6. Es necesario

4 **¿Qué pasa aquí?** Listen to this conversation. Then choose the phrase that best completes each sentence in your lab manual.

1. Esta conversación es entre...
   a. un empleado y una clienta.
   b. un hijo y su madre.
   c. un camarero y la dueña de un restaurante.
2. Es necesario que Mario...
   a. llegue temprano.
   b. se lave las manos.
   c. use la lavadora.
3. Es urgente que Mario...
   a. ponga las mesas.
   b. quite las mesas.
   c. sea listo.

Audio Acativities

3.4 Subjunctive with verbs of will and influence

1 Identificar Listen to each sentence. If you hear a verb in the subjunctive, mark **Sí**. If you don't hear the subjunctive, mark **No**.

1. Sí No   4. Sí No
2. Sí No   5. Sí No
3. Sí No   6. Sí No

2 Transformar Some people are discussing what they or their friends want to do. Say that you don't want them to do those things. Repeat the correct response after the speaker. (6 *items*)

> modelo
> Esteban quiere invitar a tu hermana a una fiesta.
> No quiero que Esteban invite a mi hermana a una fiesta.

3 Situaciones Listen to each situation and make a recommendation using the cues in your lab manual. Repeat the correct response after the speaker.

> modelo
> *You hear:* Sacamos una "F" en el examen de química.
> *You see:* estudiar más
> *You say:* Les recomiendo que estudien más.

1. ponerte un suéter
2. quedarse en la cama
3. regalarles una tostadora
4. no hacerlo
5. comprarlas en la Casa Bonita
6. ir a La Cascada

4 ¿Qué hacemos? Listen to this conversation and answer the questions in your lab manual.

1. ¿Qué quiere el señor Barriga que hagan los chicos?

_____

2. ¿Qué le pide el chico?

_____

3. ¿Qué les sugiere el señor a los chicos?

_____

4. ¿Qué tienen que hacer los chicos si no consiguen el dinero?

_____

5. Al final, ¿en qué insiste el señor Barriga?

_____

vocabulario

You will now hear the vocabulary found in your textbook on the last page of this lesson. Listen and repeat each Spanish word or phrase after the speaker.

Audio Activities

contextos

Lección 4

1 **¿Lógico o ilógico?** You will hear some questions and the responses. Decide if they are **lógico** or **ilógico**.

1. Lógico   Ilógico
2. Lógico   Ilógico
3. Lógico   Ilógico

4. Lógico   Ilógico
5. Lógico   Ilógico
6. Lógico   Ilógico

2 **Eslóganes** You will hear some slogans created by environmentalists. Write the number of each slogan next to the ecological problem it addresses.

_____ a. la contaminación del aire
_____ b. la deforestación
_____ c. la extinción de animales

_____ d. la contaminación del agua
_____ e. la lluvia ácida
_____ f. la basura en las calles

3 **Preguntas** Look at the drawings and answer each question you hear. Repeat the correct response after the speaker.

1.

2.

3.

4.

4 **Completar** Listen to this radio advertisement and write the missing words in your lab manual.

Para los que gustan del (1) _____, la agencia Eco-Guías los invita a viajar a la

(2) _____ amazónica. Estar en el Amazonas es convivir (*to coexist*) con la

(3) _____. Venga y (4) _____ los misterios del

(5) _____. Admire de cerca las diferentes (6) _____ y

(7) _____ mientras navega por un (8) _____ que parece

mar. Duerma bajo un (9) _____ lleno de (10) _____.

Audio Activities

pronunciación

l, ll, and y

In Spanish, the letter **l** is pronounced much like the *l* sound in the English word *lemon*.

> **cielo**   **lago**   **lata**   **luna**

You have learned that most Spanish speakers pronounce the letter **ll** like the *y* in the English word *yes*. The letter **y** is often pronounced in the same manner.

> **estrella**   **valle**   **mayo**   **playa**

When the letter **y** occurs at the end of a syllable or by itself, it is pronounced like the Spanish letter **i**.

> **ley**   **muy**   **voy**   **y**

1 Práctica Repeat each word after the speaker focusing on the **l, ll,** and **y** sounds.

1. lluvia	6. pasillo	11. yogur
2. desarrollar	7. limón	12. estoy
3. animal	8. raya	13. taller
4. reciclar	9. resolver	14. hay
5. llegar	10. pantalla	15. mayor

2 Oraciones When you hear the number, read the corresponding sentence aloud. Then listen to the speaker and repeat the sentence.

1. Ayer por la mañana Leonor se lavó el pelo y se maquilló.
2. Ella tomó café con leche y desayunó pan con mantequilla.
3. Después su yerno vino a su casa para ayudarla.
4. Pero él se cayó en las escaleras del altillo y se lastimó la rodilla.
5. Leonor lo llevó al hospital.
6. Allí le dieron unas pastillas para el dolor.

3 Refranes Repeat each saying after the speaker to practice the **l, ll,** and **y** sounds.

1. Quien no oye consejo, no llega a viejo.[1]
2. A caballo regalado, no le mires el diente.[2]

4 Dictado You will hear five sentences. Each will be said twice. Listen carefully and write what you hear.

1. _____
2. _____
3. _____
4. _____
5. _____

He who doesn't listen to advice, doesn't reach old age. [1]
Don't look a gift horse in the mouth. [2]

estructura

4.1 The subjunctive with verbs of emotion

1 **Escoger** Listen to each statement and, in your lab manual, choose the most logical response.

1. a. Ojalá que se mejore pronto.
   b. Me alegro de que esté bien.
2. a. Espero que podamos ir a nadar mañana.
   b. Es una lástima que ya no lo podamos usar.
3. a. Me sorprende que venga temprano.
   b. Siento que se pierda la película.
4. a. Temo que el río esté contaminado.
   b. Me alegro de que vea bien.

5. a. Es ridículo que el gobierno controle cuando nos bañemos.
   b. Me gusta cepillarme los dientes.
6. a. Es triste que la gente cuide las playas.
   b. Me molesta que no hagamos nada para mejorar la situación.

2 **Transformar** Change each sentence you hear to the subjunctive mood using the expression in your lab manual. Repeat the correct answer after the speaker.

> **modelo**
>
> *You hear:* Cada año hay menos árboles en el mundo.
> *You see:* Es una lástima
> *You say:* Es una lástima que cada año haya menos árboles en el mundo.

1. Es triste
2. Es extraño
3. Es terrible
4. Es ridículo
5. Es una lástima
6. Me molesta

3 **Preguntas** Answer each question you hear using the cues in your lab manual. Repeat the correct response after the speaker.

> **modelo**
>
> *You hear:* ¿De qué tienes miedo?
> *You see:* nosotros / no resolver la crisis de energía
> *You say:* Tengo miedo de que nosotros no resolvamos la crisis de energía.

1. Ricardo / estudiar ecología
2. muchas personas / no preocuparse por el medio ambiente
3. tú / hacer un viaje a la selva
4. el gobierno / controlar el uso de la energía nuclear
5. los turistas / recoger las flores
6. haber / tantas plantas en el desierto

4 **El Club de Ecología** Listen to this conversation. Then read the statements in your lab manual and decide whether they are **cierto** or **falso**.

	Cierto	Falso
1. Carmen se alegra de que la presidenta del club empiece un programa de reciclaje.	O	O
2. Héctor espera que Carmen se enoje con la presidenta.	O	O
3. Carmen teme que los otros miembros (*members*) quieran limpiar las playas.	O	O
4. A Carmen le gusta ir a la playa.	O	O
5. A Héctor le sorprende que Carmen abandone (*resigns from*) el club.	O	O
6. Carmen cree que la presidenta va a cambiar de idea.	O	O

Audio Activities

4.2 The subjunctive with doubt, disbelief, and denial

1 **Identificar** Listen to each sentence and decide whether you hear a verb in the indicative or the subjunctive in the subordinate clause. Mark an **X** in the appropriate column.

> **modelo**
> *You hear:* Creo que Nicolás va de excursión.
> *You mark:* an **X** under *indicative* because you heard **va**.

	indicative	subjunctive
Modelo	X	
1.		
2.		
3.		
4.		
5.		
6.		
7.		

2 **Cambiar** Change each sentence you hear to the negative. Repeat the correct answer after the speaker. (*7 items*)

> **modelo**
> Dudo que haga frío en Bogotá.
> No dudo que hace frío en Bogotá.

3 **Te ruego** Listen to this conversation between a father and daughter. Then choose the word or phrase in your lab manual that best completes each sentence.

1. Juanita quiere ir a la selva amazónica para...
   a. vivir con los indios.   b. estudiar las aves tropicales.   c. estudiar las plantas tropicales.
2. Ella _____ que quiere ir.
   a. está segura de   b. no está segura de   c. niega
3. Su papá _____ que se enferme con malaria.
   a. está seguro   b. teme   c. niega
4. Juanita _____ que se enferme.
   a. duda   b. no duda   c. cree
5. _____ que el papá no quiera que ella vaya.
   a. Es cierto   b. No es cierto   c. No hay duda de
6. El papá dice que _____ que la selva amazónica es un lugar fantástico.
   a. es improbable   b. es imposible   c. no cabe duda de
7. _____ Juanita va a la selva amazónica.
   a. Es seguro que   b. Tal vez   c. No es probable que
8. Juanita _____ que su papá es el mejor papá del mundo.
   a. duda   b. no cree   c. cree

4.3 The subjunctive with conjunctions

1 **¿Lógico o ilógico?** You will hear some sentences. Decide if they are **lógico** or **ilógico**.

1. Lógico   Ilógico   4. Lógico   Ilógico
2. Lógico   Ilógico   5. Lógico   Ilógico
3. Lógico   Ilógico   6. Lógico   Ilógico

2 **A la entrada del parque** Listen to the park ranger's instructions. Then number the drawings in your lab manual in the correct order.

a. _____

b. _____

c. _____

d. _____

3 **Identificar** Listen to each sentence and mark an **X** in the appropriate column to indicate whether the subordinate clause expresses a future action, a habitual action, or a past action.

> **modelo**
> *You hear:* Voy a ir a caminar por el sendero tan pronto como llegues a casa.
> *You mark:* an **X** under *future action*.

	future action	habitual action	past action
Modelo	X		
1.			
2.			
3.			
4.			
5.			
6.			

vocabulario

You will now hear the vocabulary found in your textbook on the last page of this lesson. Listen and repeat each Spanish word or phrase after the speaker.

Audio Activities

contextos

1 **¿Lógico o ilógico?** You will hear some questions and the responses. Decide if they are **lógico** or **ilógico**.

1. Lógico   Ilógico   3. Lógico   Ilógico   5. Lógico   Ilógico   7. Lógico   Ilógico
2. Lógico   Ilógico   4. Lógico   Ilógico   6. Lógico   Ilógico   8. Lógico   Ilógico

2 **Hacer diligencias** Look at the drawing in your lab manual and listen to Sofía's description of her day. During each pause, write the name of the place she went. The first one has been done for you.

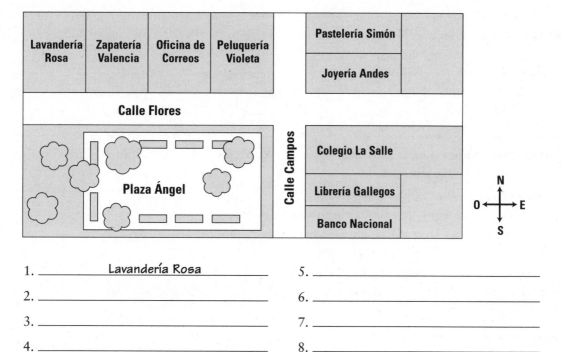

1. _____ Lavandería Rosa _____   5. _____
2. _____   6. _____
3. _____   7. _____
4. _____   8. _____

3 **Preguntas** Look once again at the drawing in activity 2 in your lab manual and answer each question you hear with the correct information. Repeat the correct response after the speaker. (*5 items*)

> **modelo**
> La joyería está al norte de la plaza, ¿verdad?
> No, la joyería está al *este* de la plaza.

4 **Perdidos en el centro** Listen to Carlos and Victoria's conversation and answer the questions in your lab manual.

1. ¿Qué buscan Carlos y Victoria? _____

2. ¿Quién les da las direcciones? _____

3. ¿Qué deben hacer en el semáforo? _____

4. ¿A cuántas cuadras está del semáforo? _____

Audio Activities

pronunciación

m and n

The letter **m** is pronounced like the *m* in the English word *made*.

    mamá   **m**arzo   **m**andar   **m**esa

The letter **n** is pronounced like the *n* in the English word *none*.

    norte   **n**adie   **n**unca   **n**ieto

When **n** is followed by the letter **v**, the **n** is pronounced like the Spanish **m**.

    e**n**viar   i**n**vierno   i**n**vitado   co**n** **V**íctor

1   **Práctica** Repeat each word or phrase after the speaker to practice pronouncing **m** and **n**.

1. imposible	5. número	9. enamorado	13. matrimonio
2. mañana	6. invitar	10. monumento	14. confirmar
3. mano	7. moreno	11. empleado	15. con Víctor
4. manejar	8. envase	12. encima	16. ningún

2   **Oraciones** When you hear each number, read the corresponding sentence aloud. Then listen to the speaker and repeat the sentence.

1. A mí no me gustan nada los mariscos.
2. En el mercado compro naranjas, melocotones y manzanas.
3. Mañana invito a Mario Martín a cenar conmigo.
4. Mario es el mejor mecánico de motocicletas del mundo.
5. También le importa mucho la conservación del medio ambiente.
6. Siempre envía los envases de aluminio al centro de reciclaje en Valencia.

3   **Refranes** Repeat each saying after the speaker to practice pronouncing **m** and **n**.

1. Más vale poco y bueno que mucho y malo. [1]
2. Mala hierba nunca muere. [2]

4   **Dictado** You will hear a paragraph. Listen carefully and write what you hear during the pauses. The entire paragraph will then be repeated so that you can check your work.

_____

_____

_____

_____

_____

_____

Quality is more important than quantity. [1]

Like a bad penny, it just keeps turning up. (lit. Bad grass never dies.) [2]

Audio Activities

estructura

5.1 The subjunctive in adjective clauses

1 **Identificar** Listen to each statement or question. If it refers to a person, place, or thing that clearly exists or is known, mark an **X** in the **Sí** row. If it refers to a person, place, or thing that either does not exist or whose existence is uncertain, mark an **X** in the **No** row.

> **modelo**
>
> *You hear:* Buscamos un hotel que tenga piscina.
> *You mark:* **an X in the No row because the existence of the hotel is uncertain.**

	Modelo	1.	2.	3.	4.	5.	6.
Sí	_____	___	___	___	___	___	___
No	X	___	___	___	___	___	___

2 **Escoger** You will hear some sentences with a beep in place of the verb. Decide which verb best completes each sentence and circle it.

> **modelo**
>
> *You hear:* Tengo una cuenta corriente que *(beep)* gratis.
> *You circle:* **es because the existence of the cuenta corriente is not in doubt.**

1. tiene tenga   2. vende venda   3. vende venda   4. hacen hagan

3 **Cambiar** Change each sentence you hear into the negative. Repeat the correct answer after the speaker. (*6 items*)

> **modelo**
>
> Hay un restaurante aquí que sirve comida venezolana.
> **No hay ningún restaurante aquí que sirva comida venezolana.**

4 **Buscando amistad** Read the ads for pen pals found in your lab manual. Then listen to the four recorded personal ads. In your lab manual, write the name of the person whose written ad best suits each recorded personal ad.

Nombre: Gustavo Carrasquillo
Dirección: Casilla 204, La Paz, Bolivia
Edad: 20 años
Pasatiempos: Ver películas en inglés, leer revistas de política, escalar montañas, esquiar y hacer amistad con jóvenes de todo el mundo. Me pueden escribir en inglés o alemán.

Nombre: Claudia Morales
Dirección: Calle 4–14, Guatemala, Guatemala
Edad: 18 años
Pasatiempos: Ir a conciertos de rock,

escuchar la radio, ver películas extranjeras, mandar y recibir correo electrónico.

Nombre: Alicia Duque
Dirección: Avenida Gran Capitán 26, Córdoba, España
Edad: 18 años
Pasatiempos: Ir al cine, a fiestas, bailar, hablar por teléfono y escribir canciones de amor. Pueden escribirme en francés.

Nombre: Antonio Ávila
Dirección: Apartado Postal 3007, Panamá, Panamá

Edad: 21 años
Pasatiempos: Entre mis pasatiempos están escribir cartas a amigos de todas partes del mundo, escuchar la radio, practicar deportes y leer revistas.

Nombre: Rosalinda Guerrero
Dirección: Calle 408 #3, Hatillo, Puerto Rico
Edad: 19 años
Pasatiempos: Navegar por Internet, leer sobre política, ir a conciertos y visitar museos de arte.

1. _____   3. _____

2. _____   4. _____

Audio Activities

Lección 5 Audio Activities

5.2 Nosotros/as commands

1 **Identificar** Listen to each statement. Mark an **X** in the **Sí** row if it is a command. Mark an **X** in the **No** row if it is not.

> **modelo**
> *You hear:* Abramos la tienda.
> *You mark:* an **X** next to **Sí**.

	Modelo	1.	2.	3.	4.	5.	6.
Sí	X	___	___	___	___	___	___
No	___	___	___	___	___	___	___

2 **Cambiar** Change each sentence you hear to a **nosotros/as** command. Repeat the correct answer after the speaker. (*8 items*)

> **modelo**
> Vamos a visitar la Plaza Bolívar.
> **Visitemos la Plaza Bolívar.**

3 **Preguntas** Answer each question you hear negatively. Then make another suggestion using the cue in your lab manual and a **nosotros/as** command.

> **modelo**
> *You hear:* ¿Cocinamos esta noche?
> *You see:* comer en el Restaurante Cambur.
> *You say:* **No, no cocinemos esta noche. Comamos en el Restaurante Cambur.**

1. jugar a las cartas
2. esquiarla

3. ir a la biblioteca
4. limpiar el sótano

4 **¿Cierto o falso?** Listen to Manuel and Elisa's conversation. Then read the statements in your lab manual and decide whether they are **cierto** or **falso**.

		Cierto	Falso
1. Manuel está muy ocupado.		O	O
2. Manuel va a acompañar a Elisa a hacer diligencias.		O	O
3. Primero van a ir al correo para comprar sellos.		O	O
4. Elisa quiere primero depositar el cheque.		O	O
5. Manuel y Elisa van a comprar el postre antes de ir al banco.		O	O
6. Elisa sugiere cortarse el pelo después de hacer todo lo demás.		O	O

Audio Activities

5.3 Past participles used as adjectives

1 Identificar Listen to each sentence and write the past participle that is being used as an adjective.

> **modelo**
> *You hear:* Los programas musicales son divertidos.
> *You write:* **divertidos**

1. _____   5. _____
2. _____   6. _____
3. _____   7. _____
4. _____   8. _____

2 Preguntas It has been a very bad day. Answer each question using the cue in your lab manual. Repeat the correct response after the speaker.

> **modelo**
> *You hear:* ¿Dónde está el libro?
> *You see:* perder
> *You say:* **El libro está perdido.**

1. romper   3. divorciar   5. caer   7. abrir   9. vender
2. morir   4. gastar   6. comer   8. dañar

3 ¿Cierto o falso? Look at the drawing in your lab manual and listen to each statement. Indicate whether each statement is **cierto** or **falso**.

	Cierto	Falso
1.	○	○
2.	○	○
3.	○	○
4.	○	○
5.	○	○
6.	○	○

vocabulario

You will now hear the vocabulary found in your textbook on the last page of this lesson. Listen and repeat each Spanish word or phrase after the speaker.

Audio Activities

contextos   **Lección 6**

1   **Identificar**   You will hear a series of words or phrases. Write the word or phrase that does not belong in each group.

1. _____   3. _____   5. _____

2. _____   4. _____   6. _____

2   **Describir**   For each drawing, you will hear a brief description. Indicate whether it is **cierto** or **falso** according to what you see.

1.   Cierto   Falso   2.   Cierto   Falso

3.   Cierto   Falso   4.   Cierto   Falso

3   **A entrenarse**   Listen as Marisela describes her new fitness program. Then list the activities she plans to do each day in your lab manual.

lunes: _____

martes: _____

miércoles: _____

jueves: _____

viernes: _____

sábado: _____

domingo: _____

Audio Activities

pronunciación

ch and p

In Spanish, the letter **ch** is pronounced like the *ch* sound in *church* and *chair*.

| Co**ch**abamba | no**ch**e | mo**ch**ila | mu**ch**a**ch**o | que**ch**ua |

In English, the letter *p* at the beginning of a word is pronounced with a puff of air. In contrast, the Spanish **p** is pronounced without the puff of air. It is somewhat like the *p* sound in *spin*. To check your pronunciation, hold the palm of your hand in front of your mouth as you say the following words. If you are making the **p** sound correctly, you should not feel a puff of air.

| La **P**az | **p**eso | **p**iscina | a**p**urarse | **p**roteína |

1 **Práctica** Repeat each word after the speaker, focusing on the **ch** and **p** sounds.

1. archivo	4. lechuga	7. pie	10. chuleta
2. derecha	5. preocupado	8. cuerpo	11. champiñón
3. chau	6. operación	9. computadora	12. leche

2 **Oraciones** When you hear the number, read the corresponding sentence aloud. Then listen to the speaker and repeat the sentence.

1. A muchos chicos les gusta el chocolate.
2. Te prohibieron comer chuletas por el colesterol.
3. ¿Has comprado el champán para la fiesta?
4. Chela perdió el cheque antes de depositarlo.
5. Levanto pesas para perder peso.
6. ¿Me prestas el champú?

3 **Refranes** Repeat each saying after the speaker to practice the **ch** and **p** sounds.

1. Del dicho al hecho, hay mucho trecho. [1]
2. A perro flaco todo son pulgas. [2]

4 **Dictado** You will hear eight sentences. Each will be said twice. Listen carefully and write what you hear.

1. _____
2. _____
3. _____
4. _____
5. _____
6. _____
7. _____
8. _____

It's easier said than done. [1]
It never rains, but it pours. [2]

Audio Activities

estructura

6.1 The present perfect

1   **Identificar** Listen to each statement and mark an **X** in the column for the subject of the verb.

> **modelo**
> *You hear:* Nunca han hecho ejercicios aeróbicos.
> *You mark:* an **X** under **ellos**.

	yo	tú	él/ella	nosotros	ellos/ellas
Modelo					X
1.					
2.					
3.					
4.					
5.					
6.					

2   **Transformar** Change each sentence you hear from the present indicative to the present perfect indicative. Repeat the correct answer after the speaker. (*8 items*)

> **modelo**
> Pedro y Ernesto salen del gimnasio.
> *Pedro y Ernesto han salido del gimnasio.*

3   **Preguntas** Answer each question you hear using the cue in your lab manual. Repeat the correct response after the speaker.

> **modelo**
> *You hear:* ¿Ha adelgazado Miguel?
> *You see:* sí / un poco
> *You say:* Sí, Miguel ha adelgazado un poco.

1. sí   3. no   5. no
2. sí   4. sí   6. no / todavía

4   **Consejos de una amiga** Listen to this conversation between Eva and Manuel. Then choose the correct ending for each statement in your lab manual.

1. Ellos están hablando de…
   a. que fumar es malo.   b. la salud de Manuel.   c. los problemas con sus clases.
2. Manuel dice que sufre presiones cuando…
   a. tiene exámenes.   b. hace gimnasia.   c. no puede dormir y fuma mucho.
3. Eva dice que ella…
   a. estudia durante el día.   b. ha estudiado poco.   c. también está nerviosa.
4. Eva le dice a Manuel que…
   a. deje de fumar.   b. estudie más.   c. ellos pueden estudiar juntos.

Audio Activities

6.2 The past perfect

1 **¿Lógico o ilógico?** You will hear some brief conversations. Indicate if they are **lógico** or **ilógico**.

1. Lógico   Ilógico
2. Lógico   Ilógico
3. Lógico   Ilógico
4. Lógico   Ilógico
5. Lógico   Ilógico
6. Lógico   Ilógico

2 **Transformar** Change each sentence you hear from the preterite to the past perfect indicative. Repeat the correct answer after the speaker. (6 *items*)

> **modelo**
> Marta nunca sufrió muchas presiones.
> Marta nunca había sufrido muchas presiones.

3 **Describir** Using the cues in your lab manual, describe what you and your friends had already done before your parents arrived for a visit. Repeat the correct answer after the speaker.

> **modelo**
> *You see:* preparar la cena
> *You hear:* mis amigas
> *You say:* Mis amigas ya habían preparado la cena.

1. limpiar el baño y la sala
2. sacar la basura
3. sacudir los muebles
4. poner la mesa
5. hacer las camas
6. darle de comer al gato

4 **Completar** Listen to this conversation and write the missing words in your lab manual. Then answer the questions.

JORGE ¡Hola, chico! Ayer vi a Carmen y no me lo podía creer, me dijo que te

(1) _____ (2) _____ en el gimnasio. ¡Tú, que siempre

(3) _____ (4) _____ tan sedentario! ¿Es cierto?

RUBÉN Pues, sí. (5) _____ (6) _____ mucho de peso y me dolían las rodillas. Hacía

dos años que el médico me (7) _____ (8) _____ que tenía que mantenerme

en forma. Y finalmente, hace cuatro meses, decidí hacer gimnasia casi todos los días.

JORGE Te felicito (*I congratulate you*), amigo. Yo también (9) _____ (10) _____

hace un año a hacer gimnasia. ¿Qué días vas? Quizás nos podemos encontrar allí.

RUBÉN (11) _____ (12) _____ todos los días al salir del trabajo. ¿Y tú? ¿Vas con Carmen?

JORGE Siempre (13) _____ (14) _____ juntos hasta que compré mi propio carro.

Ahora voy cuando quiero. Pero la semana que viene voy a tratar de ir después del trabajo para

verte por allí.

15. ¿Por qué es extraño que Rubén esté en el gimnasio?

_____

16. ¿Qué le había dicho el médico a Rubén?

_____

17. ¿Por qué no va Jorge con Carmen al gimnasio?

_____

Audio Activities

6.3 The present perfect subjunctive

1   **Identificar** Listen to each sentence and decide whether you hear a verb in the present perfect indicative, the past perfect indicative, or the present perfect subjunctive.

1. a. present perfect   b. past perfect   c. present perfect subjunctive
2. a. present perfect   b. past perfect   c. present perfect subjunctive
3. a. present perfect   b. past perfect   c. present perfect subjunctive
4. a. present perfect   b. past perfect   c. present perfect subjunctive
5. a. present perfect   b. past perfect   c. present perfect subjunctive
6. a. present perfect   b. past perfect   c. present perfect subjunctive
7. a. present perfect   b. past perfect   c. present perfect subjunctive
8. a. present perfect   b. past perfect   c. present perfect subjunctive

2   **Completar** Complete each sentence you hear using the cue in your lab manual and the present perfect subjunctive. Repeat the correct response after the speaker.

> **modelo**
>
> You see: usted / llegar muy tarde
> You hear: Temo que...
> You say: *Temo que usted haya llegado muy tarde.*

1. ella / estar enferma
2. tú / dejar de fumar
3. ellos / salir de casa ya
4. nosotros / entrenarnos lo suficiente
5. él / ir al gimnasio
6. yo / casarme

3   **En el Gimnasio Cosmos** Listen to this conversation between Eduardo and a personal trainer, then complete the form in your lab manual.

```
GIMNASIO COSMOS
Tel. 52-9023
Datos del cliente
Nombre: _____
Edad: _____
¿Cuándo fue la última vez que hizo ejercicio?
_____
¿Qué tipo de vida ha llevado últimamente, activa o pasiva?
_____
¿Consume alcohol?
_____
¿Fuma o ha fumado alguna vez?
_____
```

vocabulario

You will now hear the vocabulary found in your textbook on the last page of this lesson. Listen and repeat each Spanish word or phrase after the speaker.

Audio Activities

contextos

1   **Identificar** Listen to each description and then complete the sentence by identifying the person's occupation.

> **modelo**
>
> *You hear:* La señora Ortiz enseña a los estudiantes. Ella es...
> *You write:* **maestra.**

1. _____   3. _____   5. _____

2. _____   4. _____   6. _____

2   **Anuncios clasificados** Look at the ads and listen to each statement. Then decide if the statement is **cierto** or **falso**.

EMPRESA INTERNACIONAL
Busca
CONTADOR

Requisitos:
- Tenga estudios de adminis-tración de empresas
- Hable español e inglés

Se ofrece:
- Horario flexible
- Salario semanal de 700 córdobas
- Posibilidades de ascenso

Contacto: Sr. Flores
Tel: 492 2043

SE BUSCA DISEÑADOR
- Se ofrece un salario anual de 250.000 córdobas.
- Excelentes beneficios
- Debe tener cinco años de experiencia.

Si está interesado, envíe currículum a
EMPRESA LÓPEZ
Fax 342 2396

	Cierto	Falso			Cierto	Falso			Cierto	Falso
1.	O	O	3.		O	O	5.		O	O
2.	O	O	4.		O	O	6.		O	O

3   **Publicidad** Listen to this radio advertisement and answer the questions in your lab manual.

1. ¿Qué tipo de empresa es Mano a Obra?

_____

2. ¿Qué hace esta empresa?

_____

3. ¿Cuál es la ocupación del señor Mendoza?

_____

4. ¿Qué le va a dar la empresa al señor Mendoza en un año?

_____

5. ¿En qué profesiones se especializa (*specializes*) Mano a Obra?

_____

Audio Activities

pronunciación

Intonation

Intonation refers to the rise and fall in the pitch of a person's voice when speaking. Intonation patterns in Spanish are not the same as those in English, and they vary according to the type of sentence.

In normal statements, the pitch usually rises on the first stressed syllable.

> A **mí** me ofrecieron un ascenso.   **Ca**da aspirante debe entregar una solicitud.

In exclamations, the pitch goes up on the first stressed syllable.

> ¡Oja**lá** venga!   ¡**Cla**ro que sí!

In questions with yes or no answers, the pitch rises to the highest level on the last stressed syllable.

> ¿Trajiste el cur**rí**culum?   ¿Es usted arqui**tec**to?

In questions that request information, the pitch is highest on the stressed syllable of the interrogative word.

> ¿**Cuán**do renunciaste al trabajo?   ¿**Cuál** es su número de teléfono?

---

1 **Práctica** Repeat each sentence after the speaker, imitating the intonation.

1. ¿Vas a venir a la reunión?
2. ¿Dónde trabajaba anteriormente?
3. ¡Qué difícil!
4. Estoy buscando un nuevo trabajo.
5. Quiero cambiar de profesión.
6. ¿Te interesa el puesto?

---

2 **Oraciones** When you hear the number, say the speaker's lines in this dialogue aloud. Then listen to the speaker and repeat the sentences.

1. **REPARTIDOR (*DELIVERY MAN*)** Trabajo para la Compañía de Transportes Alba. ¿Es usted el nuevo jefe?
2. **JEFE** Sí. ¿Qué desea?
3. **REPARTIDOR** Aquí le traigo los muebles de oficina. ¿Dónde quiere que ponga el escritorio?
4. **JEFE** Allí delante, debajo de la ventana. ¡Tenga cuidado! ¿Quiere romper la computadora?
5. **REPARTIDOR** ¡Perdón! Ya es tarde y estoy muy cansado.
6. **JEFE** Perdone usted, yo estoy muy nervioso. Hoy es mi primer día en el trabajo.

---

3 **Dictado** You will hear a phone conversation. Listen carefully and write what you hear during the pauses. The entire conversation will then be repeated so that you can check your work.

PACO _____

_____

ISABEL _____

_____

PACO _____

_____

ISABEL _____

_____

PACO _____

_____

Audio Activities

estructura

7.1 The future

1 **Identificar** Listen to each sentence and mark an **X** in the column for the subject of the verb.

> *You hear:* Iré a la reunión.
> *You mark:* an **X** under **yo**.

	yo	tú	ella	nosotros	ustedes
Modelo	X	_____	_____	_____	_____
1.	_____	_____	_____	_____	_____
2.	_____	_____	_____	_____	_____
3.	_____	_____	_____	_____	_____
4.	_____	_____	_____	_____	_____
5.	_____	_____	_____	_____	_____
6.	_____	_____	_____	_____	_____
7.	_____	_____	_____	_____	_____
8.	_____	_____	_____	_____	_____

2 **Cambiar** Change each sentence you hear to the future tense. Repeat the correct answer after the speaker. (*8 items*)

> **modelo**
>
> Ellos van a salir pronto.
> Ellos saldrán pronto.

3 **Preguntas** Answer each question you hear using the cues in your lab manual. Repeat the correct response after the speaker.

> **modelo**
>
> *You hear:* ¿Con quién saldrás esta noche?
> *You see:* Javier
> *You say:* Yo saldré con Javier.

1. no / nada
2. el lunes por la mañana
3. Santo Domingo
4. esta noche
5. 2:00 P.M.
6. sí
7. de periodista
8. la próxima semana

4 **Nos mudamos** Listen to this conversation between Fernando and Marisol. Then read the statements in your lab manual and decide whether they are **cierto** or **falso**.

	Cierto	Falso
1. Marisol y Emilio se mudarán a Granada.	○	○
2. Ellos saben cuándo se mudan.	○	○
3. Marisol y Emilio harán una excursión a la selva y las playas antes de que él empiece su nuevo trabajo.	○	○
4. Fernando no podrá visitarlos en Nicaragua en un futuro próximo.	○	○

Lección 7 Audio Activities **127**

Audio Activities

7.2 The future perfect

1 **¿Lógico o ilógico?** You will hear some brief conversations. Indicate if they are **lógico** or **ilógico**.

	Lógico	Ilógico			Lógico	Ilógico
1.	○	○		5.	○	○
2.	○	○		6.	○	○
3.	○	○		7.	○	○
4.	○	○		8.	○	○

2 **Cambiar** Change each sentence from the future to the future perfect. Repeat the correct response after the speaker. (*8 items*)

> **modelo**
>
> Yo ganaré un millón de dólares.
> Yo habré ganado un millón de dólares.

3 **Preguntas** Look at the time line, which shows future events in Sofía's life, and answer each question you hear. Then repeat the correct response after the speaker. (*5 items*)

> **modelo**
>
> *You hear:* ¿Qué habrá hecho Sofía en el año 2010?
> *You see:* 2010 / graduarse
> *You say:* En el año 2010 Sofía se habrá graduado.

2010   2011   2015   2016   2019   2045

graduarse   casarse   tener un hijo   jubilarse
      encontrar   comprar
      trabajo   casa

4 **Planes futuros** Listen to this conversation between Germán and Vivian. Then choose the correct answer for each question in your lab manual.

1. ¿Qué va a pasar dentro de un mes?
   a. Se habrá acabado el semestre.
   b. Germán se habrá puesto nervioso.

2. ¿Qué habrá hecho el novio de Vivian?
   a. Se habrá ido de viaje.
   b. Habrá hecho las reservaciones.

3. Normalmente, ¿qué hace Germán durante las vacaciones?
   a. Él trabaja en la empresa de su familia.
   b. Él se va a Santo Domingo.

4. ¿Qué puesto habrá conseguido Germán dentro de dos años?
   a. Él será jefe de arquitectos.
   b. Él será gerente de un banco.

5. ¿Por qué dice Vivian que Germán no debe pensar tanto en el futuro?
   a. Porque ahora necesita preocuparse por los exámenes.
   b. Porque en el futuro no tendrá tiempo para ir de vacaciones.

Audio Activities

7.3 The past subjunctive

1 **Identificar** Listen to the following verbs. Mark **Sí** if the verb is in the past subjunctive and **No** if it is in another tense.

1.	Sí	No	7.	Sí	No
2.	Sí	No	8.	Sí	No
3.	Sí	No	9.	Sí	No
4.	Sí	No	10.	Sí	No
5.	Sí	No	11.	Sí	No
6.	Sí	No	12.	Sí	No

2 **Cambiar** Form a new sentence using the cue you hear. Repeat the correct answer after the speaker. (*8 items*)

> modelo
>
> Marisa quería que yo dejara el trabajo. (mi hermana)
> Marisa quería que mi hermana dejara el trabajo.

3 **Completar** Complete each phrase you hear using the cue in your lab manual and the past subjunctive. Repeat the correct response after the speaker.

> modelo
>
> *You hear:* Esperábamos que tú...
> *You see:* seguir otra carrera
> *You say:* Esperábamos que tú siguieras otra carrera.

1. ir a renunciar al puesto
2. darte el aumento
3. invertir en su empresa
4. saber la verdad
5. poner un anuncio en los periódicos
6. llegar temprano al trabajo
7. ofrecerles mejores beneficios
8. gastar menos dinero

4 **El mundo de los negocios** Listen to this conversation between two coworkers and answer the questions in your lab manual.

1. ¿Qué le pidió el jefe a Elisa cuando la llamó por teléfono?

_____

2. ¿Qué le pidió el jefe a la empleada cuando entró (*entered*) en su oficina?

_____

3. ¿Qué le preguntó el jefe a Elisa?

_____

4. ¿Qué le contestó Elisa?

_____

vocabulario

You will now hear the vocabulary found in your textbook on the last page of this lesson. Listen and repeat each Spanish word or phrase after the speaker.

Audio Activities

contextos

1 **Describir** For each drawing, you will hear a description. Decide whether it is **cierto** or **falso**.

1. Cierto   Falso

2. Cierto   Falso

3. Cierto   Falso

4. Cierto   Falso

5. Cierto   Falso

6. Cierto   Falso

2 **Identificar** You will hear four brief conversations. Choose the word from the list that identifies what they are talking about or where they are.

1. _____

2. _____

3. _____

4. _____

a. la orquesta
b. el poema
c. el tejido
d. la cerámica
e. los dibujos animados
f. el concurso

3 **La programación** Listen to this announcement about this afternoon's TV programs. Then answer the questions in your lab manual.

1. ¿Qué canal ofrece estos programas?

_____

2. ¿Qué programa empieza a las cuatro de la tarde?

_____

3. ¿Qué tipo de programa es *De tú a tú*?

_____

4. ¿Quién es Juan Muñoz?

_____

5. ¿Qué tipo de película es *Corazón roto*?

_____

Audio Activities

Lección 8 Audio Activities   **131**

pronunciación

Syllabification

In Spanish, every syllable has only one vowel or diphthong. If a single consonant (including **ch, ll,** and **rr**) occurs between two vowels, the consonant begins a new syllable.

co-che   dra-ma   mu-si-cal   ma-qui-lla-je   pe-rro   to-car

When two strong vowels (**a, e, o**) occur together, they are separated into two syllables. Diphthongs are never divided into separate syllables unless there is a written accent mark on the **i** or **u,** which breaks the diphthong.

ar-te-sa-ní-a   ma-es-tro   his-to-ria   tra-ge-dia

If two consonants occur between vowels, they are divided into two syllables, except when the second consonant is **l** or **r.**

al-fom-bra   or-ques-ta   pu-bli-car   ro-mán-ti-co

If three or four consonants occur between vowels, they are separated into syllables between the second and third consonants unless one of the letters is followed by **l** or **r.**

e-jem-plo   ins-pec-tor   trans-por-te

---

1   Práctica Listen to the following words and divide each into syllables using slashes.

1. e s c u l p i r
2. c o n c i e r t o
3. i n s t r u m e n t o
4. c o n c u r s o
5. e s t r e l l a
6. a c a m p a r
7. p r e m i o
8. a p l a u d i r
9. b a i l a r í n
10. e x t r a n j e r a
11. p o e s í a
12. ó p e r a
13. a b u r r i r s e
14. c a n t a n t e
15. e n t r a d a

---

2   Refranes Repeat each saying after the speaker.

1. De músico, poeta y loco, todos tenemos un poco. [1]
2. Tener más hambre que un maestro. [2]

---

3   Dictado You will hear a conversation. Listen carefully and write what you hear during the pauses. The entire conversation will then be repeated so that you can check your work.

RAMÓN _____

_____

CELIA _____

RAMÓN _____

_____

CELIA _____

_____

RAMÓN _____

We are all part musician, part poet, and part fool. [1]
To be as poor as a churchmouse. [2]

Audio Activities

estructura

8.1 The conditional

1 Identificar Listen to each sentence and decide whether you hear a verb in the future, the conditional, or the imperfect tense.

1. a. future   b. conditional   c. imperfect
2. a. future   b. conditional   c. imperfect
3. a. future   b. conditional   c. imperfect
4. a. future   b. conditional   c. imperfect
5. a. future   b. conditional   c. imperfect
6. a. future   b. conditional   c. imperfect
7. a. future   b. conditional   c. imperfect
8. a. future   b. conditional   c. imperfect
9. a. future   b. conditional   c. imperfect
10. a. future   b. conditional   c. imperfect

2 Cambiar Form a new sentence replacing the **iba a** + *infinitive* construction with the corresponding verb in the conditional. Repeat the correct answer after the speaker. (*6 items*)

> *modelo*
> Andrea dijo que iba a tocar el piano.
> *Andrea dijo que tocaría el piano.*

3 Entrevista You are considering taking a job as the director of a new soap opera, and a reporter wants to know what the new show would be like. Answer his questions using the cues in your lab manual. Then repeat the correct response after the speaker.

> *modelo*
> *You hear:* ¿Cómo se llamaría la telenovela?
> *You see:* **Amor eterno.**
> *You say:* Se llamaría **Amor eterno.**

1. 23
2. San Salvador
3. romántica
4. Hispania y Univisión
5. Sí / muchísimo
6. $500.000

4 Una exposición (*A show*) Cristina is planning an exhibition for her art work. Listen to her ideas and then indicate whether the statements in your lab manual are **cierto** or **falso**.

	Cierto	Falso
1. La fiesta sería al aire libre.	○	○
2. Invitaría al director de una revista.	○	○
3. Sus amigos podrían llevar algo de comer y beber.	○	○
4. Sus compañeros de trabajo vendrían a la fiesta.	○	○
5. Presentaría las pinturas de su primo.	○	○
6. A Cristina le gustaría publicar un libro sobre su escultura.	○	○

Audio Activities

8.2 The conditional perfect

1 **Identificar** Listen to each statement and mark an **X** in the column for the subject of the verb.

> **modelo**
>
> *You hear:* Habrían preferido ir al concierto.
> *You mark:* an **X** *under* **ellos.**

	yo	tú	él	nosotros	ellos
Modelo	_____	_____	_____	_____	X _____
1.	_____	_____	_____	_____	_____
2.	_____	_____	_____	_____	_____
3.	_____	_____	_____	_____	_____
4.	_____	_____	_____	_____	_____
5.	_____	_____	_____	_____	_____
6.	_____	_____	_____	_____	_____

2 **¿Lógico o ilógico?** You will hear six brief conversations. Indicate if they are **lógico** or **ilógico**.

1. Lógico   Ilógico
2. Lógico   Ilógico
3. Lógico   Ilógico
4. Lógico   Ilógico
5. Lógico   Ilógico
6. Lógico   Ilógico

3 **¿Qué habría pasado?** Look at the program for an art conference that was canceled at the last minute and answer the questions you hear. Repeat the correct response after the speaker.

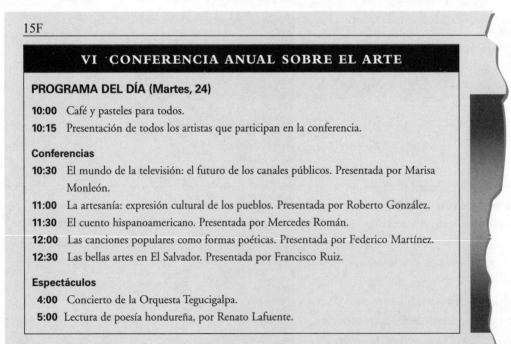

15F

VI CONFERENCIA ANUAL SOBRE EL ARTE

PROGRAMA DEL DÍA (Martes, 24)

10:00   Café y pasteles para todos.

10:15   Presentación de todos los artistas que participan en la conferencia.

Conferencias

10:30   El mundo de la televisión: el futuro de los canales públicos. Presentada por Marisa Monleón.

11:00   La artesanía: expresión cultural de los pueblos. Presentada por Roberto González.

11:30   El cuento hispanoamericano. Presentada por Mercedes Román.

12:00   Las canciones populares como formas poéticas. Presentada por Federico Martínez.

12:30   Las bellas artes en El Salvador. Presentada por Francisco Ruiz.

Espectáculos

4:00   Concierto de la Orquesta Tegucigalpa.

5:00   Lectura de poesía hondureña, por Renato Lafuente.

Audio Activities

8.3 The past perfect subjunctive

1 **Identificar** Listen to each sentence and decide whether you hear a verb in the conditional, the conditional perfect, or the past perfect subjunctive tense in the subordinate clause.

1. a. conditional   b. conditional perfect   c. past perfect subjunctive
2. a. conditional   b. conditional perfect   c. past perfect subjunctive
3. a. conditional   b. conditional perfect   c. past perfect subjunctive
4. a. conditional   b. conditional perfect   c. past perfect subjunctive
5. a. conditional   b. conditional perfect   c. past perfect subjunctive
6. a. conditional   b. conditional perfect   c. past perfect subjunctive

2 **Escoger** You will hear some sentences with a beep in place of the verb. Decide which verb should complete each sentence and circle it.

> **modelo**
> *You hear:* Yo dudaba que él (*beep*) un buen actor.
> *You circle:* **hubiera sido** *because the sentence is*
> **Yo dudaba que él hubiera sido un buen actor.**

1. había vivido   hubiera vivido   5. había empezado   hubiera empezado
2. habíamos bailado   hubiéramos bailado   6. habías estado   hubieras estado
3. había trabajado   hubiera trabajado   7. había conocido   hubiera conocido
4. habías dicho   hubieras dicho   8. había bebido   hubiera bebido

3 **Cambiar** Say that you didn't believe what these people had done using the past perfect subjunctive and the cues you hear. Repeat the correct answer after the speaker. (*7 items*)

> **modelo**
> Martín / ver el documental
> No creía que Martín hubiera visto el documental.

4 **Hoy en el cine** Listen to this talk show and answer the questions in your lab manual.

1. ¿Creyó Olivia que Óscar había ido a la fiesta?

_____

2. ¿Era cierto que Óscar había sido invitado a la fiesta?

_____

3. ¿Creía Óscar que José Santiago había hecho bien el papel de malo en *Acción final*?

_____

4. ¿Cómo habría tenido más éxito la película *El profesor*?

_____

vocabulario

You will now hear the vocabulary found in your textbook on the last page of this lesson. Listen and repeat each Spanish word or phrase after the speaker.

Lección 8 Audio Activities   **135**

Audio Activities

contextos

1 **Definiciones** You will hear some definitions. Write the letter of the word being defined.

1. _____ a. el terremoto

2. _____ b. el impuesto

3. _____ c. la tormenta

4. _____ d. la paz

5. _____ e. la guerra

6. _____ f. el tornado

7. _____ g. la encuesta

8. _____ h. las noticias

2 **¿Lógico o ilógico?** Listen to each news item and indicate if it is **lógico** or **ilógico**.

1. Lógico Ilógico   5. Lógico Ilógico

2. Lógico Ilógico   6. Lógico Ilógico

3. Lógico Ilógico   7. Lógico Ilógico

4. Lógico Ilógico

3 **Describir** Look at the drawing and write the answer to each question you hear.

1. _____

2. _____

3. _____

4. _____

Audio Activities

pronunciación

Review of word stress and accentuation

You have learned that an accent mark is required when a word ends in a vowel, **n** or **s,** and the stress does *not* fall on the next to last syllable.

     pren-sa   ar-**tí**-cu-lo   ca-**fé**   hu-ra-**cán**   **pú**-bli-co

If a word ends in any consonant other than **n** or **s,** and the stress does *not* fall on the last syllable, it requires an accent mark.

     de-**ber**   a-**zú**-car   **cés**-ped   **fá**-cil   **mó**-dem

Accent marks are also used in Spanish to distinguish the meaning of one word from another. This is especially important for verbs where the stress often determines the tense and person.

     el *(the)*   él *(he)*   mi *(my)*   mí *(me)*   tu *(your)*   tú *(you)*

     compro *(I buy)*   compró *(he bought)*   pague *(Ud. command)*   pagué *(I paid)*

1   **Práctica** Repeat each word after the speaker and add an accent mark where necessary.

1. contaminacion	5. declaro	9. todavia
2. policia	6. dificil	10. opera
3. voto	7. rapido	11. arbol
4. ejercito	8. sofa	12. luche

2   **Oraciones** When you hear the number, read the corresponding sentence aloud, focusing on the word stress. Then listen to the speaker and repeat the sentence.

1. Ramón Gómez informó ayer desde radio Bolívar que había peligro de inundación cerca del río Paraná.
2. Él explicó que toda la población necesitaba prepararse para cualquier cosa (*anything*) que pudiera ocurrir.
3. El ejército, ayudado de la policía, recorrió la región e informó a todos del peligro.

3   **Refranes** Repeat each saying after the speaker to practice word stress.

1. Quien perseveró, alcanzó. [1]
2. A fácil perdón, frecuente ladrón. [2]

4   **Dictado** You will hear a conversation. Listen carefully and write what you hear during the pauses. The entire conversation will be repeated so that you can check your work.

MERCEDES _____

ENRIQUE _____

MERCEDES _____

ENRIQUE _____

_____

MERCEDES _____

_____

He who perseveres, succeeds. [1]

Pardon one offense and you encourage many. [2]

estructura

9.1 **Si** clauses

1 **Escoger** You will hear some incomplete sentences. Choose the correct ending for each sentence.

1. a. llovía mucho.   b. lloviera mucho.
2. a. te gustó algún candidato.   b. te hubiera gustado algún candidato.
3. a. podemos ir de vacaciones juntos.   b. pudiéramos ir de vacaciones juntos.
4. a. el conductor hubiera tenido cuidado.   b. el conductor habría tenido cuidado.
5. a. yo trabajaré con los pobres.   b. yo trabajaría con los pobres.
6. a. todos fuéramos ciudadanos responsables.   b. todos éramos cuidadanos responsables.
7. a. el presidente va a hablar esta tarde.   b. el presidente vaya a hablar esta tarde.
8. a. me lo pedirás.   b. me lo pidieras.
9. a. Eva sale con él.   b. Eva salga con él.
10. a. te habías comunicado con el dueño.   b. te hubieras comunicado con el dueño.

2 **Cambiar** Change each sentence from the future to the conditional. Repeat the correct answer after the speaker. (*6 items*)

> **modelo**
> Carlos se informará si escucha la radio.
> *Carlos se informaría si escuchara la radio.*

3 **Preguntas** Answer each question you hear using the cue in your lab manual. Repeat the correct response after the speaker.

> **modelo**
> *You hear:* ¿Qué harías si vieras un crimen?
> *You see:* llamar a la policía
> *You say:* Si yo viera un crimen, llamaría a la policía.

1. pedir un préstamo   3. buscar un trabajo nuevo   5. ir a Montevideo
2. ayudar a los pobres   4. quedarse en casa   6. hacer un viaje

4 **Un robo (*A break-in*)** Alicia and Fermín's house was burglarized. Listen to their conversation and answer the questions in your lab manual.

1. Según (*According to*) Fermín, ¿qué habría pasado si hubieran cerrado la puerta con llave?

_____

2. Según Alicia, ¿qué habría pasado si hubieran cerrado la puerta con llave?

_____

3. ¿Qué haría Alicia si tuvieran suficiente dinero?

_____

4. ¿Por qué se está poniendo nerviosa Alicia?

_____

Lección 9 Audio Activities   **139**

Audio Activities

9.2 Summary of the uses of the subjunctive

1 **Escoger** You will hear some incomplete sentences. Choose the correct ending for each sentence.

1. a. el terremoto había durado más de dos minutos.
   b. el terremoto durara más de dos minutos.
2. a. escribió sobre el incendio?
   b. escriba sobre el incendio?
3. a. no podían comunicarse con nosotros.
   b. no pudieran comunicarse con nosotros.
4. a. tenemos unos días de vacaciones.
   b. tengamos unos días de vacaciones.
5. a. los resultados de la encuesta están equivocados.
   b. los resultados de la encuesta estén equivocados.

6. a. ver el reportaje sobre el sexismo en los Estados Unidos.
   b. que ven el reportaje sobre el sexismo en los Estados Unidos.
7. a. te habrás enojado.
   b. te habrías enojado.
8. a. donde hay terremotos.
   b. donde haya habido terremotos.

2 **Transformar** Change each sentence you hear to the negative. Repeat the correct answer after the speaker. (*6 items*)

> modelo
> Creía que era muy peligroso.
> *No creía que fuera muy peligroso.*

3 **Preguntas** Answer each question you hear using the cue in your lab manual. Repeat the correct response after the speaker.

> modelo
> *You hear:* ¿Qué te pidió el jefe?
> *You see:* escribir los informes
> *You say:* El jefe me pidió que escribiera los informes.

1. hacer una encuesta de los votantes (*voters*)
2. mañana
3. tener experiencia
4. no
5. algunas personas no poder votar
6. los trabajadores no declararse en huelga

4 **El noticiero** Listen to this newscast. Then read the statements in your lab manual and indicate whether they are **cierto** or **falso**.

	Cierto	Falso
1. Roberto Carmona habló de los impuestos en su discurso.	○	○
2. No le sorprendió a nadie que Carmona anunciara que no se presentaría a las elecciones.	○	○
3. Corre el rumor de que Carmona está enfermo.	○	○
4. Inés espera que el Partido Liberal encuentre otro candidato pronto.	○	○
5. Ella cree que es posible encontrar otro candidato en muy poco tiempo.	○	○

vocabulario

You will now hear the vocabulary found in your textbook on the last page of this lesson. Listen and repeat each Spanish word or phrase after the speaker.

escritura

Estrategia
Mastering the simple past tenses

In Spanish, when you write about events that occurred in the past, you will need to know when to use the preterite and when to use the imperfect tense. A good understanding of each tense will make it much easier to determine which one to use as you write.

Look at the summary of the uses of the preterite and the imperfect and write your own example sentence for each of the rules described.

Preterite vs. imperfect

Preterite

1. Actions viewed as completed

   _____

   _____

2. Beginning or end of past actions

   _____

   _____

3. Series of past actions

   _____

   _____

Imperfect

1. Ongoing past actions

   _____

   _____

2. Habitual past actions

   _____

   _____

3. Mental, physical, and emotional states and characteristics in the past

   _____

   _____

Get together with a few classmates to compare your example sentences. Then use these sentences and the chart as a guide to help you decide which tense to use as you are completing the following writing assignment.

Tema
Escribir una historia

Antes de escribir

1. Trabaja con un(a) compañero/a de clase para hablar de alguna experiencia que han tenido con una enfermedad, un accidente u otro problema médico. Tu historia puede ser real o imaginaria y puede tratarse de un incidente divertido, humorístico o desastroso. Incluye todos los detalles relevantes. Consulta la lista de sugerencias con detalles que puedes incluir. Apunta tus ideas.

   ▶ Descripción del/de la paciente
     Nombre y apellidos
     Edad
     Características físicas
     Historial médico
   ▶ Descripción de los síntomas
     Enfermedades
     Accidente
     Problemas médicos
   ▶ Descripción del tratamiento (*treatment*)
     Tratamientos
     Recetas
     Operaciones

2. Una vez que hayan hablado de sus experiencias, cada uno/a debe escoger una para elaborar en su historia escrita.

Analiza los elementos de tu historia, usando el siguiente diagrama para enfocarte en los usos del pretérito y del imperfecto. Establece una correlación entre algunos de los detalles (paciente, síntomas y tratamiento) y el uso del pretérito o del imperfecto. Escribe los detalles que se relacionan con el imperfecto en la sección IMPERFECTO. Escribe los detalles de las acciones pasadas en las líneas marcadas PRETÉRITO.

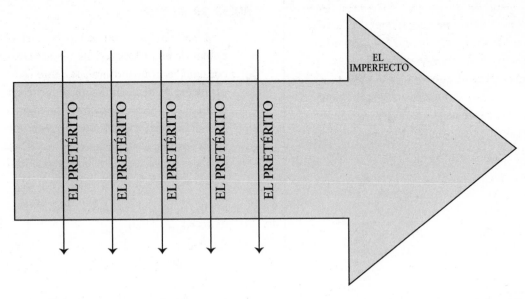

3. Después de completar el diagrama, intercámbialo con tu compañero/a. Túrnense para hablar de los dos diagramas. ¿Hay algo que cambiarías (*you would change*) en el diagrama de tu compañero/a? ¿Por qué?

Escribir

Usa el diagrama y escribe el borrador de tu historia. Escribe tres párrafos cortos: el primero trata del/de la paciente y cómo era antes de tener el problema. El segundo describe qué paso con respecto a la enfermedad, el accidente u otro problema médico. El tercero describe el tratamiento y como se resolvió el problema.

Después de escribir

1. Intercambia tu borrador con un(a) compañero/a de clase. Coméntalo y contesta estas preguntas.

   ▶ ¿Usó tu compañero/a formas del pretérito y del imperfecto correctamente, según las situaciones indicadas?

   ▶ ¿Escribió él/ella tres párrafos completos que corresponden a una descripción del/de la paciente, una del problema y una del tratamiento? ¿Incluyó él/ella la resolución del problema en el tercer párrafo?

   ▶ ¿Qué detalles añadirías (*would you add*)? ¿Cuáles quitarías (*would you delete*)? ¿Qué otros comentarios tienes para tu compañero/a?

2. Revisa tu historia según los comentarios de tu compañero/a. Después de escribir la versión final, léela otra vez para eliminar errores de:

   ▶ ortografía

   ▶ signos de puntuación

   ▶ concordancia entre sujeto y adjetivo

   ▶ concordancia entre sujeto y verbo

   ▶ conjugación de verbos (formas, personas y tiempos)

escritura

Lección 2

Estrategia
Listing key words

Once you have determined a topic for a piece of writing, it is helpful to make a list of key words you can use while writing. If you were to write a description of your school and its grounds, for example, you would probably need a list of prepositions that describe location, such as **en frente de, al lado de,** and **detrás de.** Likewise, a list of descriptive adjectives would be useful to you if you were writing about the people and places of your childhood.

By preparing a list of potential words ahead of time, you will find it easier to avoid using the dictionary while writing your first draft. You will probably also learn a few new words in Spanish while preparing your list of key words.

Listing useful vocabulary is also a valuable organizational strategy, since the act of brainstorming key words will help you to form ideas about your topic. In addition, a list of key words can help you avoid redundancy while you write.

If you were going to help someone write an ad to sell his or her car, what words would be most helpful to you? Jot a few of them down and compare your list with a partner's. Did you choose the same words? Would you choose any different or additional words, based on what your partner wrote?

1. _____
2. _____
3. _____
4. _____
5. _____
6. _____

Tema
Escribir instrucciones

Antes de escribir

1. Vas a escribir un correo electrónico en el que le explicas a un(a) amigo/a argentino/a cómo crear un sitio web sobre películas estadounidenses. Vas a incluir tus sugerencias sobre qué información puede incluir y no incluir en su sitio web. Tu correo electrónico debe tener esta información:

   ▶ Una sugerencia para el nombre del sitio web
   ▶ Mandatos afirmativos para describir en detalle lo que tu amigo/a puede incluir en el sitio web
   ▶ Una lista de las películas estadounidenses más importantes de todos los tiempos (en tu opinión)
   ▶ Mandatos negativos para sugerirle a tu amigo/a qué información no debe incluirse en el sitio web

2. Una buena manera de crear una lista de palabras es hacer una red de palabras. Para cada una de las tres redes, escribe en las líneas varias palabras relacionadas con la frase del centro.

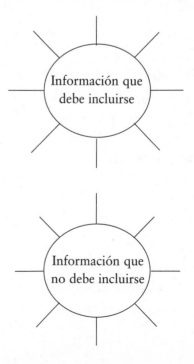

Información que debe incluirse

Información que no debe incluirse

Películas
estadounidenses
más importantes

3. Después de completar las redes de palabras, intercambia tus respuestas con un(a) compañero/a de clase. Juntos/as, hagan una lista de todas las palabras que escribieron. Al final, pregúntense si hay otras que son necesarias para el correo electrónico. Si las hay, búsquenlas en el libro de texto o en un diccionario y añádanlas a la lista original.

Escribir

1. Usa la lista de palabras que tú y tu compañero/a de clase escribieron para escribir el correo electrónico sobre el sitio web.

2. No olvides de incluir toda la información necesaria:

   ▶ Una sugerencia para el nombre del sitio web
   ▶ Mandatos afirmativos sobre lo que tu amigo/a debe incluir en el sitio web
   ▶ Mandatos negativos sobre lo que tu amigo/a no debe incluir
   ▶ Una lista de películas estadounidenses importantes

Después de escribir

1. Intercambia tu borrador con el/la mismo/a compañero/a de clase. Coméntalo y contesta estas preguntas.

   ▶ ¿Incluyó tu compañero/a una sugerencia para el nombre del sitio web?
   ▶ ¿Escribió él/ella mandatos afirmativos sobre la información que debe incluirse en el sitio web?
   ▶ ¿Escribió él/ella mandatos negativos sobre la información que no debe incluirse?
   ▶ ¿Escribió él/ella una lista de películas estadounidenses importantes?
   ▶ ¿Usó él/ella palabras de la lista que escribieron?
   ▶ ¿Qué detalles añadirías (*would you add*)? ¿Cuáles quitarías (*would you delete*)? ¿Qué otros comentarios tienes para tu compañero/a?

2. Revisa tu narración según los comentarios de tu compañero/a. Después de escribir la versión final, léela otra vez para eliminar errores de:

   ▶ ortografía
   ▶ puntuación
   ▶ uso de letras mayúsculas y minúsculas
   ▶ concordancia entre sustantivos y adjetivos
   ▶ uso de verbos en el presente de indicativo
   ▶ uso de mandatos afirmativos
   ▶ uso de mandatos negativos

Writing Activities

escritura

Lección 3

Estrategia
Using linking words

You can make your writing sound more sophisticated by using linking words to connect simple sentences or ideas and create more complex sentences. Consider these passages, which illustrate this effect.

Without linking words

En la actualidad el edificio tiene tres pisos. Los planos originales muestran una construcción de un piso con un gran patio en el centro. La restauración del palacio comenzó en el año 1922. Los trabajos fueron realizados por el arquitecto Villanueva-Myers y el pintor Roberto Lewis.

With linking words

En la actualidad el edificio tiene tres pisos pero los planos originales muestran una construcción de un piso con un gran patio en el centro. La restauración del palacio comenzó en el año 1922 y los trabajos fueron realizados por el arquitecto Villanueva-Myers y el pintor Roberto Lewis.

Linking words

cuando	*when*
mientras	*while*
o	*or*
pero	*but*
porque	*because*
pues	*since*
que	*that; who; which*
quien	*who*
sino	*but (rather)*
y	*and*

Tema
Escribir un contrato de arrendamiento

Antes de escribir

1. Imagina que eres el/la administrador(a) (*manager*) de un edificio de apartamentos. Tienes que preparar un contrato de arrendamiento (*lease*) para los nuevos inquilinos (*tenants*). El contrato debe incluir estos detalles.

   ▶ la dirección del apartamento y del/de la adminstrador(a)
   ▶ las fechas del contrato
   ▶ el precio del alquiler y el día que se debe pagar
   ▶ el precio del depósito
   ▶ información y reglas (*rules*) acerca de:
      la basura
      el correo
      los animales domésticos
      el ruido (*noise*)
      los servicios de electricidad y agua
      el uso de electrodomésticos
   ▶ otros aspectos importantes de la vida comunitaria

2. Antes de escribir, usa la información presentada anteriormente para completar el recuadro en la página 146 con oraciones completas. Debes inventar los detalles (el precio, las fechas, etc.). Sigue el modelo.

Dirección	1. del apartamento *La dirección del apartamento es avenida de las Américas, número 174.* 2. del/de la administrador(a) *La dirección de la administradora es calle de la República, número 32.*
Fechas del contrato	1. día cuando empieza 2. día cuando termina
El alquiler	1. el precio 2. el día en que se debe pagar
El depósito	1. el precio 2. el día en que se debe pagar
Información y reglas	1. la basura 2. el correo 3. los animales domésticos
6. ¿...?	

3. Después de completar el recuadro, mira las oraciones que escribiste. ¿Es posible combinarlas usando palabras de la lista en la página 145? Mira este ejemplo:
La dirección del apartamento es avenida de las Américas, número 174 y la de la administradora es calle de la República, número 32.

4. Reescribe las oraciones que pudiste combinar.

Escribir

1. Usa las oraciones del recuadro junto con las que combinaste para escribir tu contrato de arrendamiento.

2. Mientras escribes, busca otras oportunidades para usar palabras de la lista para combinar tus oraciones.

3. Usa mandatos formales para indicar las reglas que los inquilinos deben y no deben seguir.

Después de escribir

1. Intercambia tu borrador con un(a) compañero/a de clase. Coméntalo y contesta estas preguntas.

   ► ¿Incluyó tu compañero/a toda la información del recuadro?
   ► ¿Usó él/ella palabras de la lista para combinar sus oraciones?
   ► ¿Usó él/ella mandatos formales afirmativos y negativos para indicar las reglas?
   ► ¿Qué detalles añadirías (*would you add*)? ¿Cuáles quitarías (*would you delete*)? ¿Qué otros comentarios tienes para tu compañero/a?

2. Revisa tu narración según los comentarios de tu compañero/a.

escritura

Estrategia
Considering audience and purpose

Writing always has a specific purpose. During the planning stages, a writer must determine to whom he or she is directing the piece, and what he or she wants to express to the reader. Once you have defined both your audience and your purpose, you will be able to decide which genre, vocabulary, and grammatical structures will best serve your literary composition.

Let's say you want to share your thoughts on local traffic problems. Your audience can be either the local government or the community. You could choose to write a newspaper article, a letter to the editor, or a letter to the city's governing board. But first you should ask yourself these questions.

1. Are you going to comment on traffic problems in general, or are you going to point out several specific problems?

2. Are you simply intending to register a complaint?

3. Are you simply intending to inform others and increase public awareness of the problems?

4. Are you hoping to persuade others to adopt your point of view?

5. Are you hoping to inspire others to take concrete actions?

The answers to these questions will help you establish the purpose of your writing and determine your audience. Of course, your writing can have more than one purpose. For example, you may intend for your writing both to inform others of a position and inspire them to take action.

Tema
Escribir una carta o un artículo

Antes de escribir

1. Escoge uno de estos temas. Lee las tres descripciones y elige la que quieres elaborar en la forma de una carta a un(a) amigo/a, una carta a un periódico o un artículo para un periódico o una revista.

   ▶ Escribe sobre los programas que existen para proteger la naturaleza en tu comunidad. ¿Funcionan bien? ¿Participan todos los vecinos de tu comunidad en los programas? ¿Tienes dudas sobre el futuro del medio ambiente en tu comunidad?

   ▶ Describe uno de los atractivos naturales de tu región. ¿Te sientes optimista sobre el futuro de tu región? ¿Qué están haciendo el gobierno y los ciudadanos de tu región para proteger la naturaleza? ¿Es necesario hacer más?

   ▶ Escribe sobre algún programa para proteger el medio ambiente a nivel (*level*) nacional. ¿Es un programa del gobierno o de una empresa (*business*) privada? ¿Cómo funciona? ¿Quiénes participan? ¿Tienes dudas sobre el programa? ¿Crees que debe cambiarse o mejorarse? ¿Cómo?

2. Una vez que hayas elegido (*you have chosen*) el tema, analízalo usando el recuadro en la página 148. ¿Cómo influyen tu propósito (*purpose*) y tus lectores en la decisión del tipo de composición que escribes — una carta personal, una carta a un periódico o un artículo para un periódico o una revista?

Writing Activities

Tema:	
Propósito Marca todas las frases que describen tu propósito.	**Lectores** Marca todas las frases que describen a tus lectores. _____ un(a) amigo/a (¿cómo es?) _____ los lectores de un periódico (¿cuál?) _____ los lectores de una revista (¿cuál?)
_____ informar a los lectores _____ quejarse (*to complain*) _____ expresar tus sentimientos _____ examinar varios problemas o situaciones _____ persuadir a los lectores _____ examinar un solo problema o situación _____ inspirar a los lectores	
Describe tu propósito aquí.	**Describe a tus lectores aquí.**
Detalles sobre el tema que apoyan (*support*) tu propósito:	**Palabras y expresiones para comunicarse con estos lectores:**

3. Después de completar el recuadro e identificar el propósito y los lectores, decide qué tipo de composición vas a escribir.

Escribir

1. Usa la información del recuadro para escribir una carta o un artículo, según lo que decidiste anteriormente.

2. No olvides de incluir toda la información indicada en la descripción del tema que elegiste.

3. No olvides de usar formas del subjuntivo para persuadir, inspirar y expresar deseo, emoción o duda.

Después de escribir

1. Intercambia tu borrador con un(a) compañero/a de clase. Coméntalo y contesta estas preguntas.

   ▶ ¿Identificó tu compañero/a un propósito y un grupo de lectores específicos?

   ▶ ¿Muestra su composición claramente el propósito por el que la escribió?

   ▶ ¿Está su composición dirigida a un tipo específico de lector?

   ▶ ¿Incluyó él/ella toda la información indicada en la descripción del tema?

   ▶ ¿Usó él/ella formas del subjuntivo para expresar deseo, emoción y duda?

   ▶ ¿Qué detalles añadirías (*would you add*)? ¿Cuáles quitarías (*would you delete*)? ¿Qué otros comentarios tienes para tu compañero/a?

2. Revisa tu narración según los comentarios de tu compañero/a. Después de escribir la versión final, léela otra vez para eliminar errores de:

   ▶ ortografía y puntuación

   ▶ uso de letras mayúsculas y minúsculas

   ▶ concordancia entre sustantivos y adjetivos

   ▶ uso de verbos en el presente de indicativo

   ▶ uso de formas del subjuntivo con expresiones de deseo, emoción y duda

escritura

Estrategia
Avoiding redundancies

Redundancy is the needless repetition of words or ideas. To avoid redundancy with verbs and nouns, consult a Spanish-language thesaurus (**diccionario de sinónimos**). You can also avoid redundancy by using object pronouns, possessive adjectives, demonstrative adjectives and pronouns, and relative pronouns. Remember that, in Spanish, subject pronouns are generally used only for clarification, emphasis, or contrast. Study the example below:

Redundant:
Aurelio quiere ver muchas cosas en la ciudad. Cuando va a la ciudad, quiere ver los museos. También quiere ver los centros comerciales. Además, quiere ver los parques. Aurelio tiene que preparar una descripción de los museos, centros comerciales y parques que ve en la ciudad. Como no tiene computadora, necesita usar la computadora de su amigo para escribir la descripción.

Improved:
Aurelio quiere ver muchas cosas en la ciudad, como los museos, centros comerciales y parques. Como tiene que preparar una descripción de todo lo que ve, necesita usar la computadora de su amigo para escribirla.

Tema
Escribir un correo electrónico

Antes de escribir

1. Imagina que vas a visitar a un(a) amigo/a que vive con su familia en una ciudad que no conoces, donde vas a pasar una semana. Quieres conocer la ciudad, pero también debes completar un trabajo para tu clase de literatura. Tienes que escribirle un correo electrónico a tu amigo/a describiendo lo que te interesa hacer en su ciudad y dándole sugerencias de actividades que pueden hacer juntos/as. También debes mencionar lo que necesitas para hacer tu trabajo de literatura. Puedes basarte en una visita real o imaginaria.

2. Tu correo electrónico debe incluir esta información:

   ▶ El nombre de la ciudad que vas a visitar
   ▶ Los lugares que más te interesa visitar
   ▶ Lo que necesitas para hacer tu trabajo: acceso a Internet, direcciones para llegar a la biblioteca pública, tiempo para estar solo/a, libros para consultar
   ▶ Mandatos de nosotros/as para sugerir las actividades que van a compartir

3. Anota tus ideas para cada una de las categorías mencionadas anteriormente.

   ▶ Nombre:
   ▶ Lugares:
   ▶ Necesidades:
   ▶ Sugerencias para actividades:

Writing Activities

Escribir

1. Usa las ideas que anotaste para escribir tu correo electrónico. Debes incluir toda la información indicada anteriormente.

2. Escribe libremente, sin enfocarte demasiado en el estilo. Mientras escribes, concéntrate más en el contenido (*content*).

Después de escribir

1. Mira el borrador que escribiste. Ahora es el momento para revisarlo y buscar oportunidades para eliminar la repetición.

2. Haz un círculo alrededor de los sustantivos. ¿Es posible reemplazar las repeticiones con un pronombre de complemento directo? ¿Un pronombre relativo? Lee tu borrador otra vez y haz los cambios necesarios. Mira este modelo.

Pronombre de complemento directo:

*Aurelio busca una computadora y unos libros. Necesita una computadora y unos libros para hacer su trabajo. —>
Aurelio busca una computadora y unos libros. Los necesita para hacer su trabajo.*

Pronombre relativo:

*Aurelio le pregunta a su amigo si puede usar su computadora. Su amigo tiene muchos aparatos electrónicos. —>
Aurelio le pregunta a su amigo, quien tiene muchos aparatos electrónicos, si puede usar su computadora.*

3. Subraya otras palabras que se repiten para ver si puedes eliminar algunas.

*Aurelio quiere caminar por los parques. También quiere caminar por el centro de la ciudad.
—> Aurelio quiere caminar por los parques y por el centro de la ciudad.*

4. Corrige los problemas de repetición que encontraste y escribe tu correo electrónico una vez más.

5. Intercambia tu borrador con un(a) compañero/a de clase. Coméntalo y contesta estas preguntas.

   ▶ ¿Incluyó tu compañero/a toda la información necesaria?

   ▶ ¿Eliminó él/ella la repetición quitando palabras redundantes y reescribiendo algunas de las oraciones?

   ▶ ¿Usó él/ella mandatos de nosotros/as para sugerir actividades que puede compartir con su amigo/a?

   ▶ ¿Qué detalles añadirías (*would you add*)? ¿Cuáles quitarías (*would you delete*)? ¿Qué otros comentarios tienes para tu compañero/a?

6. Revisa tu narración otra vez según los comentarios de tu compañero/a. Después de escribir la versión final, léela otra vez para eliminar errores de:

   ▶ ortografía

   ▶ puntuación

   ▶ uso de letras mayúsculas y minúsculas

   ▶ concordancia entre sustantivos y adjetivos

   ▶ uso de verbos en el presente de indicativo

   ▶ uso de mandatos de nosotros/as

escritura

Estrategia
Organizing information logically

Many times a written piece may require you to include a great deal of information. You might want to organize your information in one of three different ways:

▶ chronologically (e.g., events in the history of a country)

▶ sequentially (e.g., steps in a recipe)

▶ in order of importance

Organizing your information in this manner will make both your writing and your message clearer to your readers. If you were writing a piece on weight reduction, for example, you would need to organize your ideas about two general areas: eating right and exercise. You would need to decide which of the two is more important according to your purpose in writing the piece. If your main idea is that eating right is the key to losing weight, you might want to start your piece with a discussion of good eating habits. You might want to discuss the following aspects of eating right in order of their importance:

▶ Quantities of food

▶ Selecting appropriate foods from the food pyramid

▶ Healthful recipes

▶ Percentage of fat in each meal

▶ Calorie count

▶ Percentage of carbohydrates in each meal

▶ Frequency of meals

You would then complete the piece by following the same process to discuss the various aspects of the importance of getting exercise.

Tema
Escribir un plan personal de bienestar

Antes de escribir

1. Vas a desarrollar un plan personal para mejorar tu bienestar, tanto físico como emocional. Tu plan debe describir:

   ▶ lo que has hecho para mejorar tu bienestar y llevar una vida sana

   ▶ lo que no has podido hacer todavía

   ▶ las actividades que debes hacer en los próximos meses

2. Para cada una de las tres categorías del paso número uno, considera el papel que juegan la nutrición, el ejercicio y el estrés. Refiérete a estas preguntas para más ideas.

   La nutrición

   ▶ ¿Comes una dieta equilibrada?

   ▶ ¿Consumes suficientes vitaminas y minerales? ¿Consumes demasiada grasa?

   ▶ ¿Quieres aumentar de peso o adelgazar?

   ▶ ¿Qué puedes hacer para mejorar tu dieta?

   El ejercicio

   ▶ ¿Haces ejercicio? ¿Con qué frecuencia?

   ▶ ¿Vas al gimnasio? ¿Qué tipo de ejercicios haces allí?

   ▶ ¿Practicas algún deporte?

   ▶ ¿Qué puedes hacer para mejorar tu bienestar físico?

   El estrés

   ▶ ¿Sufres muchas presiones?

   ▶ ¿Qué actividades o problemas te causan estrés?

   ▶ ¿Qué haces (o debes hacer) para aliviar el estrés y sentirte más tranquilo/a?

   ▶ ¿Qué puedes hacer para mejorar tu bienestar emocional?

3. Completa este recuadro para analizar la situación más detalladamente.

	Lo que has hecho	Lo que no has podido hacer	Lo que vas a hacer
la nutrición			
el ejercicio			
el estrés			

4. Ahora organiza tus ideas en orden de importancia. Completa la siguiente pirámide invertida con las tres categorías de nutrición, ejercicio y estrés. Pon la categoría más importante para ti en la parte de arriba de la pirámide y sigue de esta manera con las otras dos categorías.

5. Después, usa la información del recuadro para añadir detalles clave sobre cada categoría. Pon los detalles para cada categoría en orden de importancia también.

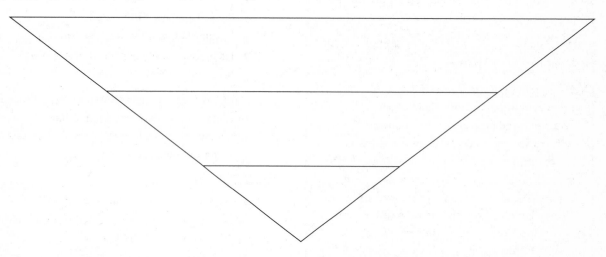

Escribir

1. Usa la información que escribiste en la pirámide invertida para escribir tu composición. Escribe un párrafo sobre cada una de las tres categorías de la pirámide.

2. Usa estas expresiones para indicar el nivel (*level*) de importancia de cada categoría.

Muy importante	Importante	Menos importante
Es muy imporante...	También es importante...	No es tan importante...
Me importa mucho...	Me importa...	No me importa tanto...

3. Verifica el uso correcto del presente perfecto y de las formas comparativas.

Después de escribir

1. Intercambia tu borrador con un(a) compañero/a de clase. Coméntalo y contesta estas preguntas.

   ▶ ¿Incluyó tu compañero/a las tres categorías de información?

   ▶ ¿Estableció él/ella una orden clara de importancia entre las tres categorías?

   ▶ ¿Usó él/ella palabras de la lista para indicar el nivel de importancia?

   ▶ ¿Usó él/ella bien las formas del presente perfecto y las formas comparativas?

   ▶ ¿Qué detalles añadirías (*would you add*)? ¿Cuáles quitarías (*would you delete*)? ¿Qué otros comentarios tienes para tu compañero/a?

2. Revisa tu narración según los comentarios de tu compañero/a.

escritura

Estrategia
Using note cards

Note cards serve as valuable study aids in many different contexts. When you write, note cards can help you organize and sequence the information you wish to present.

Let's say you are going to write a personal narrative about a trip you took. You would jot down notes about each part of the trip on a different note card. Then you could easily arrange them in chronological order or use a different organization, such as the best and the worst parts, traveling and staying, before and after, etc.

Here are some helpful techniques for using note cards to prepare for your writing:

► Label the top of each card with a general subject, such as **el avión** or **el hotel**.

► Number the cards in each subject category in the upper right corner to help you organize them.

► Use only the front side of each note card so that you can easily flip through them to find information.

Study the following example of a note card used to prepare a composition:

El hotel en Santo Domingo   4

Cuando llegamos al hotel, nuestra habitación no estaba lista. Pero el gerente del hotel nos permitió usar la piscina mientras esperábamos. ¡Lo pasamos muy bien!

Tema
Escribir una composición

Antes de escribir

1. Vas a escribir una composición sobre tus planes profesionales y personales para el futuro.

2. Debes organizar tus ideas usando fichas (*note cards*). Tendrás cinco categorías de ficha:

   ► Lugar (número 1)
   ► Familia (número 2)
   ► Empleo (número 3)
   ► Finanzas (número 4)
   ► Metas profesionales (número 5)

3. Para cada categoría, escribe tus ideas en las fichas. Usa una ficha para cada idea. Pon también el número de la categoría en la ficha.

4. Usa estas preguntas para pensar en ideas para tus fichas.

   ► Lugar: ¿Dónde vivirás? ¿Vivirás en la misma ciudad siempre? ¿Te mudarás mucho?

   ► Familia: ¿Te casarás? ¿Con quién? ¿Tendrás hijos? ¿Cuántos?

   ► Empleo: ¿En qué profesión trabajarás? ¿Tendrás tu propia empresa?

   ► Finanzas: ¿Ganarás mucho dinero? ¿Ahorrarás mucho dinero? ¿Lo invertirás?

   ► Metas profesionales: ¿Qué habrás hecho para el año 2020? ¿Para 2030? ¿Para 2050?

5. Mira este ejemplo de una ficha para la categoría número 1.

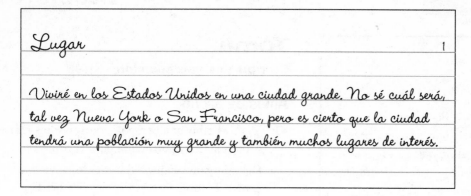

Lugar   1

Viviré en los Estados Unidos en una ciudad grande. No sé cuál será,
tal vez Nueva York o San Francisco, pero es cierto que la ciudad
tendrá una población muy grande y también muchos lugares de interés.

5. Después de anotar todas tus ideas en las fichas, organízalas según las cinco categorías. Ahora, cuando escribas tu composición, tendrás todas tus ideas listas.

Escribir

1. Usa las fichas para escribir tu composición. Escribe cinco párrafos cortos, usando cada categoría como tema de párrafo.

2. Verifica el uso correcto del tiempo futuro y del futuro perfecto mientras escribes.

Después de escribir

1. Intercambia tu borrador con un(a) compañero/a de clase. Coméntalo y contesta estas preguntas.

   ► ¿Incluyó tu compañero/a cinco párrafos que corresponden a las cinco categorías de información?

   ► ¿Contestó él/ella algunas de las preguntas de la lista que aparece en la sección Antes de escribir?

   ► ¿Usó él/ella bien las formas del futuro y del futuro perfecto?

   ► ¿Qué detalles añadirías (*would you add*)? ¿Cuáles quitarías (*would you delete*)? ¿Qué otros comentarios tienes para tu compañero/a?

2. Revisa tu narración según los comentarios de tu compañero/a. Después de escribir la versión final, léela otra vez para eliminar errores de:

   ► ortografía

   ► puntuación

   ► uso de letras mayúsculas y minúsculas

   ► concordancia entre sustantivos y adjetivos

   ► uso de verbos en el futuro y el futuro perfecto

   ► uso de **ser** y **estar**

escritura

Lección 8

Estrategia
Finding biographical information

Biographical information can be useful for a great variety of writing topics. Whether you are writing about a famous person, a period in history, or even a particular career or industry, you will be able to make your writing both more accurate and more interesting when you provide detailed information about the people who are related to your topic.

To research biographical information, you may wish to start with general reference sources, such as encyclopedias and periodicals. Additional background information on people can be found in biographies or in nonfiction books about the person's field or industry. For example, if you wanted to write about Jennifer López, you could find background information from periodicals, including magazine interviews and movie or concert reviews. You might also find information in books or articles related to contemporary film and music.

Biographical information may also be available on the Internet, and depending on your writing topic, you may even be able to conduct interviews to get the information you need. Make sure to confirm the reliability of your sources whenever your writing includes information about other people.

You might want to look for the following kinds of information:

► Date of birth
► Date of death
► Childhood experiences
► Education
► Family life
► Place of residence
► Life-changing events
► Personal and professional accomplishments

Tema
¿A quién te gustaría conocer?

Antes de escribir

1. Vas a escribir una composición sobre una cena imaginaria en tu casa. Imagina que puedes invitar a cinco personas famosas a cenar contigo. ¿A quiénes invitarías? Pueden ser de cualquier (*any*) época de la historia y de cualquier profesión. Aquí están algunas categorías para ayudarte a seleccionar a las cinco personas:

► el arte   ► las ciencias
► la música   ► la historia
► el cine   ► la política

2. Una vez que hayas seleccionado a los/las cinco invitados/as, debes hacer una pequeña investigación sobre cada uno/a. Completa el siguiente recuadro con los datos biográficos indicados.

	Persona 1	Persona 2	Persona 3	Persona 4	Persona 5
Fechas de nacimiento y muerte					
Experiencias de la niñez (*childhood*)					
Educación					
La vida en familia					
Lugar de residencia					
Eventos importantes de su vida					
Logros (*Accomplishments*) **personales y profesionales**					

Escribir

1. Ahora escribe una descripción de la cena. Mientras escribes, contesta estas preguntas.

   ▶ ¿Por qué invitarías a cada persona?

   ▶ ¿Qué le preguntarías a cada invitado/a?

   ▶ ¿Qué dirías y harías tú durante la cena?

   ▶ ¿De qué hablarían los/las invitados/as? ¿Qué tendrían en común?

2. Verifica el uso correcto del condicional.

Después de escribir

1. Intercambia tu borrador con un(a) compañero/a de clase. Coméntalo y contesta estas preguntas.

   ▶ Al escribir su composición, ¿contestó tu compañero/a las cuatro preguntas indicadas anteriormente?

   ▶ ¿Describió él/ella la cena detalladamente?

   ▶ ¿Usó él/ella bien las formas del condicional?

   ▶ ¿Qué detalles añadirías (*would you add*)? ¿Cuáles quitarías (*would you delete*)? ¿Qué otros comentarios tienes para tu compañero/a?

2. Revisa tu narración según los comentarios de tu compañero/a. Después de escribir la versión final, léela otra vez para eliminar errores de:

   ▶ ortografía y puntuación

   ▶ uso de letras mayúsculas y minúsculas

   ▶ concordancia entre sustantivos y adjetivos

   ▶ uso de verbos en el condicional

   ▶ uso de **ser** y **estar**

escritura

Estrategia

Writing strong introductions and conclusions

Introductions and conclusions serve a similar purpose: both are intended to focus the reader's attention on the topic being covered. The introduction presents a brief preview of the topic. In addition, it informs your reader of the important points that will be covered in the body of your writing. The conclusion reaffirms those points and concisely sums up the information that has been provided. A compelling fact or statistic, a humorous anecdote, or a question directed to the reader are all interesting ways to begin or end your writing.

For example, if you were writing a report on what you consider to be the world's biggest problem, you might begin an essay on world hunger with the fact that more than 850 million people in the world are hungry. The rest of your introductory paragraph would outline the areas you would cover in the body of your paper, such as why world hunger exists, where it is worst, and what people around the world can do to help. In your conclusion, you would sum up the most important information in the report and tie this information together in a way that would make your reader want to learn even more about the topic. You could write, for example: "While ending world hunger remains one of the biggest challenges facing our society today, there are a number of things that each individual can do that will make a significant difference."

Introducciones y conclusiones

Trabajen en parejas para escribir una oración de introducción y otra de conclusión sobre este tema: la obligación de una sociedad de cuidar a todos sus miembros.

Tema

Escribir una composición

Antes de escribir

1. Vas a escribir una composición sobre este tema: Si tuvieras la oportunidad, ¿qué harías para mejorar el mundo? ¿Qué cambios harías en el mundo si tuvieras el poder (*power*) y los recursos necesarios? ¿Qué podrías hacer ahora y qué podrías hacer en el futuro? También debes considerar estas preguntas:

   ▶ ¿Pondrías fin a todas las guerras? ¿Cómo?

   ▶ ¿Protegerías el medio ambiente? ¿Cómo?

   ▶ ¿Promoverías (*Would you promote*) la igualdad y eliminarías el sexismo y el racismo? ¿Cómo?

   ▶ ¿Eliminarías la corrupción en la política? ¿Cómo?

   ▶ ¿Eliminarías el problema de la falta de vivienda (*homelessness*) y el hambre?

   ▶ ¿Promoverías tu causa en los medios de comunicación? ¿Cómo?

   ▶ ¿Te dedicarías a alguna causa específica dentro de tu comunidad? ¿Cuál?

   ▶ ¿Te dedicarías a solucionar problemas nacionales o internacionales? ¿Cuáles?

2. Escribe una lista de tres cambios que harías, usando la lista de preguntas como guía.

3. Organiza tus ideas para escribir una composición de cinco párrafos: una introducción, una parte central de tres párrafos (un párrafo para cada cambio que harías) y una conclusión.

Escribir

1. Usa tus ideas de la sección anterior para escribir tu composición.

2. Verifica el uso correcto del condicional y del imperfecto del subjuntivo.

Después de escribir

1. Para asegurarte (*ensure*) de que tienes una introducción y una conclusión bien desarrolladas, usa el siguiente diagrama Venn para compararlas. Estas dos secciones deben contener la misma información sobre las tres ideas centrales de tu composición, pero también deben tener otra información e ideas diferentes. (Refiérete a la estrategia otra vez si es necesario.)

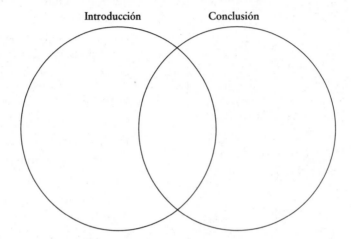

Introducción   **Conclusión**

2. Una vez que hayas completado el diagrama, decide si necesitas revisar tu introducción y conclusión para hacerlas más eficaces. Haz las revisiones que te parezcan necesarias.

3. Ahora intercambia tu borrador con un(a) compañero/a de clase. Coméntalo y contesta estas preguntas.

   ▶ ¿Incluyó tu compañero/a una introducción bien desarrollada?

   ▶ ¿Escribió él/ella tres párrafos sobre tres cambios que haría?

   ▶ ¿Incluyó él/ella una conclusión bien desarrollada y relacionada a la introducción, pero que también contiene una idea o información nueva?

   ▶ ¿Usó él/ella bien las formas del condicional?

   ▶ ¿Usó él/ella bien las formas del imperfecto del subjuntivo?

   ▶ ¿Qué detalles añadirías (*would you add*)? ¿Cuáles quitarías (*would you delete*)? ¿Qué otros comentarios tienes para tu compañero/a?

4. Revisa tu narración según los comentarios de tu compañero/a. Después de escribir la versión final, léela otra vez para eliminar errores de:

   ▶ ortografía

   ▶ puntuación

   ▶ uso de letras mayúsculas y minúsculas

   ▶ concordancia entre sustantivos y adjetivos

   ▶ uso del condicional

   ▶ uso del imperfecto del subjuntivo

   ▶ uso de **ser** y **estar**